Weitere Titel des Autors:

Full House – Liebeserklärung an die Chaosfamilie

Der Titel ist auch als E-Book erhältlich

Sky du Mont

STEH ICH JETZT UNTER DENKMAL-SCHUTZ?

Älterwerden ist nichts für Spaßbremsen

BASTEI LÜBBE TASCHENBUCH
Band 60 843

Dieser Titel ist auch als E-Book erschienen

Originalausgabe

Copyright © 2016 by Bastei Lübbe AG, Köln
Textredaktion: Ulrike Strerath-Bolz
Illustrationen: MissBehaviour.de
Umschlagmotiv: © Manfred Esser, Bergisch Gladbach und © FinePic®, München
Umschlaggestaltung: Pauline Schimmelpenninck Büro für Gestaltung, Berlin
Satz: hanseatenSatz-bremen, Bremen
Gesetzt aus der Adobe Jenson Pro
Druck und Verarbeitung: GGP Media GmbH, Pößneck
Printed in Germany
ISBN 978-3-404-60483-0

2   4   5   3

Sie finden uns im Internet unter
www.luebbe.de
Bitte beachten Sie auch: www.lesejury.de

Ein verlagsneues Buch kostet in Deutschland und Österreich jeweils überall dasselbe.
Damit die kulturelle Vielfalt erhalten und für die Leser bezahlbar bleibt, gibt es die gesetzliche
Buchpreisbindung. Ob im Internet, in der Großbuchhandlung, beim
lokalen Buchhändler, im Dorf oder in der Großstadt – überall bekommen
Sie Ihre verlagsneuen Bücher zum selben Preis.

Vorwort

Als ich kürzlich auf der Reise von Hamburg nach München auf dem Flughafen in der Buchhandlung war, fiel mir auf, wie viele Bücher sich mit dem Älterwerden beschäftigen. Früher schien mir das eher umgekehrt. Da hießen die Bücher »Forever Young« oder »Jung und gesund mit der Hollywood-Diät« oder so ähnlich. Heute scheint der Buchmarkt die Situation realistischer zu sehen. Vielleicht sind es aber auch nur meine Situation und mein Blickwinkel: Womöglich fallen mir die neuen Titel nur deshalb besonders ins Auge, weil ich selbst langsam in die Jahre komme. Überschriften wie »Mein Vater, die Demenz und ich« oder »Restlaufzeit« lösen eine spontane Todessehnsucht in mir aus. Ob ich noch genug »Lebens-Restlaufzeit« habe, um eines dieser Bücher fertig zu lesen?

Ja, denkt man sich. Alles wahr, was da so geschrieben wird. Aber soll das die ganze grausame Wahrheit sein? Glücklicherweise gibt es auch noch andere Überschriften, die sich mit dem Alter beschäftigen. »Nein, ich will keinen Seniorenteller« oder »Alt werden, ohne alt zu sein«. Eine gewagte Behauptung. Meint der Autor, wenn ich nicht mehr in der Lage bin, meine Socken allein anzuziehen, dann gehe ich einfach barfuß auf die Straße? Oder soll ich bei Verlust meines Gebisses einfach auf flüssige Nahrung umsteigen?

Nein, meine lieben Autorenkollegen, wenn man alt ist, ist man alt, da hilft kein falscher Optimismus. Ich meine, immerhin geht es hier um etwas so Großes wie Vergänglichkeit! Und die kommt ja auch nicht auf einmal, sondern nach und nach. Erst geht die Haarfarbe, dann geht die Figur – und schließlich gehen einem all die Jugendlichkeitsfanatiker auf den Geist. Und doch: Wer will schon älter werden? Irgendwie möchte doch jeder gerne jung bleiben. Innerlich und äußerlich, vor allem aber äußerlich. Wenn ich an den doofen Spruch denke, dass man immer so alt ist, wie man sich fühlt, muss ich dankend ablehnen. So beknackt wie in jungen Jahren möchte ich lieber nicht mehr sein. Höchstens so sportlich, so fit, so schlank – und so potent. Überhaupt fallen mir nach einigen Sekunden Überlegung noch ein paar zusätzliche Dinge ein.

Dass sich Autoren mit dem Alter befassen, ist übrigens keine Seniorenspezialität, die nur aufs Alter zielt! Betrachten wir ruhig mal die »Jugendliteratur«, denn da scheint mir die Hoffnungslosigkeit ebenso Einzug gehalten zu haben. Titel wie »Letztendlich sind wir dem Universum egal« oder »Das Leben spielt sich anderswo ab«, versprühen nicht unbedingt jugendlichen Optimismus. Von hartem Stoff wie »Das Schicksal ist ein mieser Verräter« mal ganz abgesehen. Selbst in der Musik hat die Furcht vor dem Altern Einzug gehalten. Ziehen Sie sich doch mal den Titel der Gruppe The Who rein. »I want to die before I get old« zeugt nicht von dem Glauben, dass das Alter lebenswert zu sein scheint.

Aber was will uns das eigentlich alles sagen? Dass wir sowieso hadern, egal, ob wir jung sind oder alt? Dass jedes Alter mies sein kann? Dass wir nicht so rumzicken und solche Heulsusen sein sollen? Vielleicht. Man kann es auch auf einen Nenner bringen: Die einzig kluge Art des Umgangs mit dem Thema – ob jung oder alt – ist am Ende mit einem einzigen Wort zu umreißen: Humor. Und da ich in meinem Alter nicht unbedingt der Richtige bin, Witze übers Jungsein zu reißen, bleiben wir ruhig beim Ersteren. Schon Kishon hat das Problem auf den Punkt gebracht: »Altern ist ein hochinteressanter Vorgang: Man denkt und denkt und denkt – und plötzlich kann man sich an nichts mehr erinnern.«

Ja, ich genieße das Privileg, mich viel mit deutlich jüngeren Menschen umgeben zu können. Vielleicht hat mir das auch über die unweigerliche Depression hinweggeholfen, die vermutlich jeden von uns packt und beutelt, wenn ihm klar wird, dass man die Lebensmitte schon ein kleines Weilchen hinter sich gelassen hat. Meine Frau war mal nur halb so alt wie ich (das gleicht sich aber zunehmend an, doch dazu später), meine Kinder sind noch richtige Kinder. Da gibt man als Papa im Opa-Alter schon gerne mal den Daddy cool. Wie die Hanseaten sagen: Wat mut, dat mut. Und: Was stört schon der Ischias, wenn man Cabrio fährt.

Oder anders ausgedrückt: Älterwerden ist nichts für Spaßbremsen. Schreiben wir also ein Buch!

Ich nehme dieses Buch mit zarten sechsundsechzig Jahren in Angriff. Wenn man Udo Jürgens glaubt, dann fängt das Leben jetzt erst an, und jetzt erst hat man Spaß daran. Na ja. Als er das Lied komponiert hat, konnte er das Wort Haarausfall vermutlich noch nicht mal buchstabieren und war gerade mal vierundvierzig.

Wer die Lebensmitte überschreitet, fällt zunächst vermutlich in ein ziemlich tiefes Loch. Denn klar ist: Es geht abwärts. Irgendwie nimmt die Schwerkraft zu und die Leidenschaft ab. Ich denke manchmal an das Zitat: »Ein Mann ist dann alt, wenn er seine Komplimente nicht mehr in die Tat umsetzen kann.« Da ist was dran, aber die Vernunft gebietet mir, nicht Männern wie Anthony Quinn nachzueifern (der mit einundachtzig noch Kinder zeugte) oder Luis Trenker (mit sechsundneunzig). Abgesehen davon würde meine Frau mit Sicherheit aus Protest in den Sitzstreik treten. Und zeugen Sie mal so Nachwuchs.

Es fällt auch dem größten Optimisten und Lebenskünstler plötzlich ganz leicht, deprimiert zu sein. Einerseits. Andererseits lässt sich eine gewisse Komik nicht leugnen. Plötzlich tauchen Fragen auf wie: Soll ich mir mal den Push-up-BH meiner Frau ausleihen? Immerhin kann ich es in Sachen Oberweite bald mit ihr aufnehmen. Oder: Ist in der Nasensalbe Haarwuchsmittel verarbeitet? Denn irgendwie scheint der Haarwuchs von anderen Stellen dorthin umgezogen zu sein. Und: Gibt es bei Porsche eigentlich auch eine Aus- und Einsteighilfe? Wie sonst soll ich aus dem Ding jemals wieder rauskommen?

Nein, Älterwerden ist nichts für Spaßbremsen. Wer sich nicht über die eigenen Unzulänglichkeiten amüsieren kann, der ist sowieso verratzt. Was es im Dschungel der gut gemeinten Ratgeber endlich braucht, ist ein Buch, das die Wahrheit sagt und gleichzeitig amüsant ist. Eine kleine Philosophie für angehende Senioren. Ein Trost für alle, die auch vom Steh-

zum Sitzpinkler geworden sind oder sich schon fast pädophil fühlen, wenn sie mal einer Frau unter fünfzig hinterherschauen. In diesem Buch wird nicht ein Fünkchen Wahrheit enthalten sein. Sondern ein ganzes Feuerwerk.

Wer glaubt, dass ein Promi es beim Älterwerden leichter hat, der wird hier die ganze grausame Wahrheit erfahren: Nichts ist erniedrigender, als bei jedem Schwimmbadbesuch oder in jeder urologischen Praxis erkannt zu werden – mit entsprechenden Rückschlüssen, die die lieben Mitmenschen dabei ziehen. Deshalb also: Flucht nach vorn! Ehrlichkeit und Selbsterkenntnis sind angesagt. Der Abschied von der trügerischen Hoffnung, doch noch jünger rüberzukommen. Dies und mehr in einem schräg-komischen Buch mit ganz viel Selbstironie und ganz wenig Distanz.

Sollten Sie sich nun entscheiden weiterzulesen, dann sollten Sie wissen, dass alle Geschichten, die Sie hier finden, wahr sind und sich genauso zugetragen haben. Nur nicht unbedingt bei mir, sondern auch bei Freunden und Bekannten. Und vielleicht die eine oder andere ja auch bei Ihnen ...

Was heißt hier Senior?

Älterwerden ist eine seltsame Sache. Lange leben möchte jeder, älter werden will keiner. In der Wirtschaft ist man bekanntlich ganz oben angekommen, wenn auf der Visitenkarte das Wort »Senior« prangt. Man ist dann »Senior Partner«, also einer von denen, die das viele Geld bekommen. »Senior Vice President«, einer von denen, die noch mehr Geld bekommen und dafür bezahlt werden, dass sie die Firmenzigarren rauchen. Oder wenigstens »Senior Assistant«, also der Obersklave, der die Peitsche über den anderen Sklaven schwingen darf.

Außerhalb der Wirtschaft ist das eher anders: Wenn »Senior« davorsteht, ist meist nur mickriger Kleinkram drin. Zum Beispiel bei der »Seniorenportion«. Genial: Du zahlst zehn Prozent weniger und bekommst dafür nur die Hälfte. Oder beim »Seniorenabend«: Die Band ist schlecht, die Stimmung irgendwo zwischen Kreishospiz und Aussegnungshalle – und am Ende des Abends werden Miss Kukident und Mister Rock 'n' Rollator gewählt. Kein Wunder, dass sich so viele Menschen vor dem Altwerden fürchten. Wenn es das ist, was man von uns erwartet: keine Power, keine Laune und keine Ansprüche mehr zu haben ...

Dabei gibt es eine Menge Beispiele dafür, dass Alter eher ein Anlass für weitaus bessere Qualität ist. Menschen altern wie Wein oder wie Whisky: Je mehr Jahre sie auf dem Kerbholz haben, desto mehr Geschmack haben sie. Sie altern wie Bäume: Je mehr Ringe sie zählen, umso stolzer und schöner sehen sie aus. Sie altern wie Käse: Je älter sie sind, umso mehr Charakter haben sie. Und kommen Sie mir jetzt nicht mit dem Geruch!

Das mögen nette Redensarten sein, aber ich finde, es ist auch wirklich etwas dran. Wenn ich mir die Fotos ansehe, als ich halb so alt war – ich würde nicht anziehen, was ich damals getragen habe. Und ich habe vielleicht ein paar Pfunde zu viel auf den Rippen, aber die machen wenigstens was her! Außerdem weiß ich heute, was mir wirklich wichtig ist, und muss nicht jeder Mode und jedem Unsinn hinterherlaufen.

Es gab eine ziemlich lange Zeit, da war ich für jedes weiße

Haar und jede Falte dankbar, weil es mir half, mich ein wenig von der Rolle des glatten Schnösels und Schönlings zu befreien. Dann gab es eine ziemlich kurze Zeit, in der ich doch wieder gerne jünger gewesen wäre (als mir nämlich aufging, dass mit dem Älterwerden auch ein paar körperliche Einschränkungen verbunden sind). Inzwischen nervt mich nur noch die Sicht der Jüngeren auf die Älteren. Ich meine, welcher Vollpfosten hat sich im Ernst das »Seniorenschnitzel« ausgedacht? Kann ich nicht einfach sagen: »Machen Sie mir ein kleineres«, wenn ich keinen großen Hunger habe? »Seniorentreff«! Wer glaubt, dass Alte nur unter sich sein wollen? Sollen wir uns nur noch über die Zipperlein unterhalten, über Stützstrümpfe und Harndrang? Nein! Eine nette Gesellschaft ist dann schön, wenn es Alte und Junge gibt, am besten auch noch ein paar Kinder, damit Leben in die Bude kommt. Unter Senioren kann ich sein, wenn ich unter der Erde bin. Auch so ein Unsinn: das »Seniorenweb« – Internet für Alte. Ja, das gibt es tatsächlich, und das klingt, als würde man sagen: Fußball für Fußlahme. Es existiert tatsächlich so ein Paralleluniversum, ein Internet, in das man vermutlich erst eintreten darf, wenn man die fünfzig überschritten hat. Da guckt man dann wahrscheinlich Livestream in Zeitlupe, macht Couch-Surfing in Altenheimen, ordert Bücher in Großdruck, Schlafanzüge in Übergrößen und guckt Rentnerpornos? Ich bin für die Verbannung mindestens der Hälfte aller Wörter, die mit »Senioren-« anfangen, aus unserem Wortschatz. Sie sind irreführend, peinlich und diskriminierend. Und überhaupt: Wer hat sich das ausgedacht, dass man heute mit fünfzig Lenzen Senior ist? Unsere Superministerin Andrea Nahles schraubt ja bereits heftig an der

Senioren-Grenze. Rentner mit dreiundsechzig! Ein Witz. Dann kann sie als Erstes ihre halbe Bundestagsfraktion in den Ruhestand schicken.

Was soll denn werden, wenn wir alle schon bald achtzig Jahre und älter werden, wenn die Generation der heutigen Kinder bereits eine Lebenserwartung von hundert Jahren hat? Wollen die wirklich die Hälfte ihrer Zeit auf dem Planeten als Senioren verbringen? Aber vielleicht ist das auch die Lösung: Wir schicken die über Achtzigjährigen ins Weltall. Nach einer ausgedehnten Butterfahrt durchs Universum kommen sie deutlich jünger zurück, als sie losgeflogen sind. Tatsache! Glauben Sie nicht? Dann lesen Sie mal »P.M.« oder ein anderes Fachmagazin.

Wer wirklich in den Herbst seines Lebens startet, für den werden die Jahre, die er noch hat, immer wertvoller. Die will er nicht mit schlechter Unterhaltung, peinlichen Angeboten und mickrigen Portionen verbringen. Wir »Ältere« wollen es krachen lassen! Wir wollen schlemmen und genießen! Wir wollen uns austoben. »Seniorenpower« ist nichts anderes als das, was in dem Wort drinsteckt: Power! Ohne jede Einschränkung.

Ich rufe hiermit auf zur Revolution der Alten. Und die starte ich hiermit, indem ich mal ein bisschen aus dem Nähkästchen plaudere.

Midlife-Crisis

Meine Midlife-Crisis begann an einem ganz normalen Montagmorgen. Das Wochenende war hart gewesen, weil unser Sohn, damals noch ein Säugling von wenigen Monaten, die ganze Nacht hindurch abwechselnd gepupst und geschrien hatte. Sprich: Er hatte Blähungen. Gut, die habe ich auch manchmal, aber meine bemerkt man nicht, wenigstens nicht akustisch, und man kann wunderbar dabei schlafen. Zumindest ich. Meine Frau ist da anderer Meinung. Aber lassen wir das.

Unser kleiner Sohn also war ständig wach und wollte bespielt und gefüttert werden. Leider hatte ich in jener Nacht »Dienst« gehabt, während Beate mit Schlafmaske und Oropax friedlich schlummerte. Gegen Morgen dann war die letzte Milch alle, und ich machte mich auf zum Supermarkt, um ein paar Päckchen Folgemilch zu kaufen.

»Kannst du auch noch eine extragroße Packung Klopapier und ein Paket Waschpulver mitbringen? Und vielleicht noch Karotten und Zwiebeln.«

Ich war schon an der Tür, als meiner Frau noch Tabs für die Geschirrspülmaschine, Christbaumkugeln und Skistöcke einfielen. Und ein Pfund ganz zartes Rindertatar. Und ein Kloreiniger. Und natürlich Chips. Aber nicht die total versalzenen, sondern die total scharfen. Chili-Onion-Jalapeño-Triple-Hot-Terror-Kick-Punchers.

»Die Scharfen? Aber du bekommst doch von denen immer Magenschmerzen.«

»Jep. Aber von den Milden bekomme ich Sodbrennen.«

Ich habe eine kluge Frau, aber bei solchen Argumenten verschlägt es mir immer wieder die Sprache.

Ich fuhr also die zweihundert Meter zum nächsten Supermarkt, versuchte, auf dem Parkplatz mit einigen Kniebeugen meinen Kreislauf einigermaßen auf Vordermann zu bringen. Zum Glück hatte ich das Auto direkt neben einer Station für Einkaufswagen abgestellt, sodass ich mich auf einem davon halb liegend in den Laden schleppen konnte. Nachdem ich den Filialleiter davon überzeugt hatte, dass ich keineswegs betrunken, sondern nur unendlich müde war, schob ich den Wagen und mich durch die Gänge und sammelte die paar Kleinigkeiten ein, die mir meine liebe Frau aufgetragen hatte.

Als mich eine halbe Stunde später eine freundliche junge Frau in der Schlange vor der Kasse aufweckte, damit ich wieder ein Stück weiterginge, ließ mich ein Opa mit Filzhut vor. »Sie Armer«, sagte er und stupste eine Hochschwangere an, die vor ihm stand. »Lassen Sie doch mal den Mann vor. Nicht dass er uns am Ende noch schlapp macht hier drin.«

»Aber gerne«, sagte die werdende Mutter betroffen und machte Platz, damit ich mich zur Kasse vorkämpfen konnte. Sie denken, das sei der Gipfel der Schmach gewesen? Keineswegs. Denn an der Kasse kam, was mir öfter passiert. »Ach, sind Sie nicht der ... dieser ...«

»Ja, ja, der bin ich«, flüsterte ich, halb aus Erschöpfung, halb aus Scham, dass es schon so weit war, dass mich inzwischen sogar die schwangeren Frauen an der Kasse vorließen.

»Ich kenne Sie aus dem Fernsehen.«

Verlegenes Lächeln. Man muss Dankbarkeit heucheln, dass man erkannt wird. Sie wusste ja nicht, wie es um mich bestellt war. Ich packte mein Zeug zusammen und wuchtete den etwa dreihundert Kilogramm schweren Einkaufswagen mit letzter Kraft vom Förderband weg, da hörte ich sie hinter mir sagen: »Auf Wiedersehen, Herr Heesters!«

Ich bitte Sie, der Mann ist seit einer Ewigkeit tot!

»The wrong side of sixty!«

Kennen Sie noch Waldorf und Statler, die zwei merkwürdigen, kauzigen alten Männer aus der »Muppet Show«? Die beiden lästern von ihren gemütlichen Balkonplätzen aus über eigentlich alles. Meine Frau Beate findet die beiden zum Piepen komisch, ich eher tragisch. Was wohl damit zusammenhängen mag, dass ich mich mit zunehmendem Alter immer häufiger in den beiden wiedererkenne.

Seit einiger Zeit betrachte ich die Welt mit anderen Augen, und das hat nichts mit meiner abnehmenden Sehkraft zu tun, wie meine Kinder immer behaupten. Sollte dem so sein, müssten meine Kinder älter sein als ich. Die sehen und hören nämlich überhaupt nichts, zumindest wenn ich ihnen etwas sage.

Ich sitze gerne und oft mit meinem guten Freund Didi auf einer Parkbank, und wir blicken auf die Elbe. Didi ist das, was man seinen ältesten Freund nennt. Damit ist normalerweise nicht der älteste, sondern der langjährigste gemeint. Tatsache ist, dass wir beide immer älter werden, und immer häufiger, wenn ich Didi so ansehe, denke ich mir: Meine Güte, sieht der alt aus! Dieser Eindruck hält allerdings nur so lange an, bis ich selbst in den Spiegel blicke. Vieles hat sich verändert, seit ich auf »the wrong side of sixty«, der falschen Seite von sechzig bin, wie es die Amerikaner so treffend ausdrücken.

Ein Beispiel? Ich nehme es beim Ausfüllen von Formularen nicht mehr so ganz genau.

Größe: Mal im Ernst, messen Sie das noch nach? Es heißt ja, im Alter wird man wieder kleiner. Ich denke, dass dabei nicht die Körpermasse gemeint ist, leider. Ich bringe heute mehr Volumen auf die Waage als vor einigen Jahren. Sicher ist da die Körperlänge gemeint, und die hat sich tatsächlich verringert.

Gewicht: 99 Kilo. Die wollen schließlich mein Nettogewicht, oder? Wenn ich mir die Haare und die Nägel schneide, mich vor dem Wiegen rasiere, Stunden vorher nichts esse oder trinke, dann kommt das doch sicher hin. Außerdem muss man da auch ästhetisch denken: 103 Kilo klingt einfach scheiße.

Augenfarbe: Endlich mal eine dankbare Kategorie! Smaragdgrün natürlich. Ha! Nimm das, Alter! Blöderweise will das aber keiner wissen. Nach der Augenfarbe wird in dem beschissenen Formular nicht gefragt.

Haarfarbe: Weiß, aber ich schreibe mal Grau, da muss man auch ein bisschen kompromissfähig sein. Ich bewerbe mich schließlich nicht als Weihnachtsmann.

Körperbau: Schlank, ganz klar. Ich muss nur den Bauch einziehen. Die wollen ja nicht wissen, wie lange. Reden kann ich dabei allerdings nicht. Und seit Jahren lasse ich mich auch nicht mehr von der Seite fotografieren.

Geschlecht: Männlich, keine Frage. Ich muss mir nur ansehen, wo mir überall Haare sprießen.

Krankheitsgeschichte: Wollen die ein Formular von mir oder einen dicken Wälzer in Buchform? Da könnte ich denen gleich den Medizin-Ratgeber schicken. Da steht jede Krankheit drin, die ich bisher hatte.

Und das ist der Moment, in dem ich aufgebe und das Formular in den Papierkorb werfe.

Zurück zur Parkbank und zu meinem Freund Didi. Da saßen wir nämlich mal wieder und redeten übers Älterwerden. Kein Wunder also, dass wir auf unserem Bänkchen einiges an Trübsal bliesen. Das heißt: Ich habe Trübsal geblasen. Didi ist dafür gar nicht der Typ. Ich hatte ihm von der Begebenheit im Supermarkt erzählt und ärgerte mich ehrlicherweise ein bisschen, dass er das amüsant fand und sein ganzer Trost darin bestand, mir mit aller Kraft auf die Schulter zu hauen und zu sagen: »Dann hoffen wir mal, dass du auch so alt wirst wie Jopie Heesters. Die entsprechend junge Frau hast du ja schon.«

Sehr witzig! Hatte Didi denn gar keinen empfindlichen Punkt in Sachen Alter? Einen Moment musste ich nachdenken, doch dann fiel es mir ein: Didi war immer ein Tatmensch gewesen. Ich wusste, wie ich mich rächen konnte: »Kannst du dich denn noch erinnern, wie sich das für dich angefühlt hat, zum ersten Mal einen Rentenbescheid in Händen zu halten?«, fragte ich ihn etwas gehässig, aber im Ton ganz harmlos.

»Hm«, murmelte er. »War schon geil, ja.«

»Geil? Der Rentenbescheid?« Fassungslos starrte ich ihn

an und versuchte, die dichten Büschel Haare in seinen Ohren und in der Nase nicht wahrzunehmen. »Was, bitte schön, ist daran geil?«

»Geld fürs Nichtstun? Money for nothing?« Er setzte ein Grinsen auf, als hätte er nicht auch erst einmal über vierzig Jahre in die Sozialkassen eingezahlt.

»Also, ich fand es seltsam«, stellte ich fest. »Befremdlich.«

»Befremdlich? Lustige Wortwahl.«

»Ja. Es ist doch so was wie ein Zeugnis, dass man jetzt aufs Altenteil gehört. Man bekommt es amtlich, dass einen keiner mehr braucht. Und die Hoffnung, dass wir bald abnippeln, damit sie nicht mehr zahlen müssen, schwingt stumm in jeder Zeile mit.«

Nun lachte er auch noch. »Ehrlich? So hast du das aufgefasst? Also, ich sehe das ganz anders.«

»Ach ja? Nämlich wie?«

»Der Rentenbescheid ist so was wie ein Freifahrtschein. Du kriegst Kohle – zwar nicht wahnsinnig üppig, aber sicher –, zahlst überall weniger Eintritt, und wenn dir langweilig ist, lässt du dich mieten.«

»Mieten?« Okay, jetzt war alles klar. Didi hatte einen an der Waffel. Vielleicht Altersschwachsinn. Oder was richtig Ernstes.

»Sicher«, sagte er. »Rent-a-rentner. Nie gehört?«

Nein. Nie gehört. Wer, bitte schön, will sich einen Rentner mieten? Und wozu?

»Ich wüsste gerne, was in deinem Kopf vorgeht«, sagte Didi und sah mich mit zweifelndem Blick an.

»Frag nicht. Also, was hat es mit diesem ominösen Angebot auf sich?«

»Reich an Erfahrung, günstig im Preis! So werben die. Ist eine Art Arbeitsvermittlung für Ruheständler, die sich den Ruhestand etwas aktiver vorgestellt haben und gerne noch ein wenig Zaster anlanden würden.«

»Klingt nicht nach sehr viel Zaster: günstig im Preis«, stellte ich skeptisch fest.

»Aber darauf kommt es doch auch gar nicht an. Es geht darum, eben nicht auf dem Altenteil zu landen, sondern was Sinnvolles zu tun. Also, ich finde das großartig. Nebenbei bessere ich noch die Urlaubskasse auf, was will man mehr? Hier!« Er reichte mir seine Zeitung. »Lies mal! Von wegen Altenteil. Da hat ein Mann mit zweiundsechzig noch sein Abitur gemacht! Und er war nicht mal der Älteste. In Berlin hat 2008 die damals fünfundsechzigjährige Sonja Rasch ihr Abi abgelegt.«

»An so was kannst du dich erinnern?« Mir schwirrte der Kopf. Ich glaube, ich wüsste nicht *eine einzige* Schlagzeile aus dem Jahr 2008. Kann mir kaum meinen Hochzeitstag merken. Und wenn, dann auch nur, weil meine Frau mich bereits Wochen vorher täglich daran erinnert und überall Zettel hinlegt. Neulich hatte sie ihr Hochzeitskleid rausgehängt, weiß der Teufel warum. Ich hab ihr natürlich gleich zum Hochzeitstag gratuliert – war leider ein halbes Jahr zu früh. Nee, mein Freund, mein Erinnerungsvermögen gleicht wahrscheinlich dem einer Fruchtfliege, nachdem sie eine Flasche Kirsch alle gemacht hat. 2008? Und du erinnerst dich im Ernst, dass eine Berliner Rentnerin irgendwann ihr Abi gebaut hat.

»Iwo. Steht hier drin.« Er hielt mir den Beitrag unter die Nase.

»Ach so.« Einige Sekunden studierte ich den Artikel, bis

ich laut lachen musste. »Toll! *Der einundsiebzigjährige Ehemann der Abiturientin ist stolz auf die Leistung seiner Frau.* Aber die hat sich geweigert, zur Abiturfeier mitzukommen. Sie würde sich mit ihren fünfundsechzig zu alt fühlen für die ganzen Mitabiturienten! Didi, die war in *unserem* Alter!«

»Und? Dann hat der Mann eben mit lauter achtzehn- bis einundzwanzigjährigen Mädels gefeiert. Auch nicht schlecht!« Didi sah mich fragend an. »Mit welchem Bein bist du denn heute aufgestanden?« Ein klein wenig trübte sich seine Laune nun doch.

»Bin aus dem Bett gefallen.«

Aha, jetzt hellte sie sich wieder auf.

»Weißt du«, sagte ich. »Es ist ja nicht der Rentenbescheid allein. Es ist auch alles andere.«

»Alles andere?«

»Das Drumherum.« Und auf seinen komplett verständnislosen Blick hin erklärte ich ihm die ganze tragische Sachlage: »Neulich hatte ich Geburtstag, aber das weißt du ja. Ist dir klar, dass sie meine Kerzen auf zwei Kuchen verteilen mussten, damit sie alle draufpassten?«

»Auf die Weise hast du wenigstens zwei Kuchen bekommen. Davon hättest du mit zehn geträumt.«

»Als Beate die beiden Kuchen mit den brennenden Kerzen ins Wohnzimmer brachte, hatte das was von einem Fackelzug.« Ich seufzte. »Außerdem vergesse ich dauernd die Namen der Lehrer meiner Kinder.«

»Besser als die deiner Kinder.«

»Aber verstehst du nicht, Didi, das Problem ist, ich werde alt. Alt! Der Rentenbescheid hat es mir bewusst gemacht. Der größte Teil meines Lebens ist vorbei. Und auch noch der beste

Teil: die Jugend. Die Figur ist hin, die Sehkraft und das Gehör lassen nach, von der Potenz will ich gar nicht reden, weil ich mich an das letzte Mal gar nicht mehr erinnern kann.«

»Ich denke, du hast eine tolle junge Familie?«

»Was hat das denn damit zu tun? Okay, das ist ein großes Glück. Aber trotzdem: Ich werde alt. Und das macht mir zu schaffen.«

Didi blickte eine Weile auf die Elbe, schien meinen Worten nachzulauschen, lächelte schließlich verständnisvoll und wandte sich mir wieder zu. »Weißt du was? Dir fehlt einfach die richtige innere Einstellung.«

»Die richtige Einstellung? Hey, das Altsein ist was Objektives. Man ist es oder ist es nicht. Und wir sind es.«

»Aber nein, mein Lieber«, erklärte mir mein ältester Freund. »So ist das ganz und gar nicht. Es ist wie immer im Leben: Es kommt drauf an, was man draus macht.« Und er drückte mir eine Visitenkarte in die Hand.

Dr. Henriette Faust • Psychologische Beratung

Eigentlich fing damit alles an. Denn Frau Doktor Faust, ich gebe es zu, veränderte mein Leben, zumindest die Einstellung dazu, und zwar ganz grundlegend. Natürlich sollte es noch ein paar Wochen dauern, bis ich mit ihr in Berührung kam. Aber der Anlass hätte dramatischer nicht sein können. Gefühlt jedenfalls.

Your dreams may not

Manchmal ist es nicht leicht, ständig unterwegs zu sein. Aber das bringen bestimmte Berufe mit sich, zum Beispiel meiner. Und dann schlägt man sich Nächte auf Flughäfen um die Ohren oder studiert verzweifelt die Fahrpläne von Zügen, die sowieso nicht fahren, auf Bahnhöfen, die so trist wie einsam sind – und vor allem irgendwo, wo man gar nicht hinwollte. Man ist mit irgendwelchen Leihwagen unterwegs, will tanken und muss erst einmal die Gebrauchsanleitung studieren, um dann zu begreifen, dass es mit dem Zug wohl doch einfacher gewesen wäre.

So wie auf der Fahrt von Hamburg nach Kiel, wo ich aus beruflichen Gründen hinmuss. Eigentlich eine schöne Strecke, so übers flache Land. Wenn man dann noch den richtigen Radiosender herdreht, dann geht das gut dahin. Ich habe gerade den richtigen Flow, die Dire Straits haben mich in eine locker-fröhliche Stimmung versetzt, es gibt keinen Stau, ich bin alleine unterwegs, und deshalb nörgelt auch niemand, wann wir endlich da sind und ob wir mal eine Pause bei McDonald's einlegen können. Und dann passiert, was irgendwann passieren musste: Cat Stevens stimmt »Father and Son« an. Klingt erst mal nett und macht nur ein klitzekleines bisschen sentimental. Bis die Killerzeile kommt, für die es Sturmwarnung geben müsste:

For you will still be here tomorrow but your dreams may not.

Denn du wirst auch morgen noch da sein, aber deine Träume vermutlich nicht. Bei diesen Worten muss ich schwer schlucken, und Tränen schießen mir in die Augen. Ich fahre an den Straßenrand und atme tief durch. Was für ein Tiefschlag. Cat Stevens. Und wie recht er hat. Da denkst du nichts Böses, bist fröhlich und voller Tatendrang – und dann das. Denn ist es nicht so? Irgendwann stellen wir alle fest, dass wir immer noch da sind, unsere Träume aber nicht. Verflogen, ohne dass wir es bemerkt haben. »Gone with the wind«, vom Winde verweht.

Wo sind sie hin, die Jugendträume? Was ist geschehen mit all den Plänen, die ich einst geschmiedet habe? Mit all den Hoffnungen, den großen und kleinen Vorhaben, den Ansprüchen an das Leben? Nachdem ich einige Minuten in Selbstmitleid zerflossen bin, kommt mir plötzlich ein Geistesblitz. Hat mir nicht mein alter Freund Didi neulich ein Kärtchen einer Psychotante gegeben? Vielleicht kann sie mir helfen! Ein wenig zögerlich zücke ich das Handy. Vielleicht ist das die Gelegenheit zu prüfen, ob Didis Frau Wunderdoktor wirklich helfen kann. Egal, ob ich einen Termin bei ihr habe oder nicht. Wozu ist sie Seelenklempnerin!

Tatsächlich bekomme ich sie ans Telefon und lege ihr die Sachlage in all ihrer Tragik dar. »Das war es?«, fragt sie schließlich irritierender Weise.

»Ähm ja, das war es. Aber was soll ich denn jetzt machen? Wie soll ich denn damit umgehen?«

»Womit umgehen?«

»Damit, dass meine Träume futsch sind! Verstehen Sie, Frau Doktor, ich habe keine Träume mehr.« Mir ist natürlich klar, dass das ein klitzekleines bisschen übertrieben ist, aber mal sehen, was die Psycho-Tante so draufhat.

»Ja, das habe ich schon verstanden«, erklärt sie, wie man einem Kleinkind zum hundertsten Mal klarmacht, dass der rechte Schuh der rechte ist und nicht der linke. Dann schweigt sie kurz, und ich schweige mit. Denn was soll ich sagen. Sie ist ja jetzt gefragt.

Schließlich antwortet sie auf Cat Stevens' Killerzeile mit einer Killergegenfrage: »Was waren das denn für Träume, die Sie mal hatten?«

»Na ja ...« Ich zögere und überlege. Wenn man es so direkt aussprechen soll, dann klingt das alles irgendwie ...

»Läppisch?«, fragt sie. Habe ich das etwa ausgesprochen? »Klingt es läppisch? Was wollten Sie denn machen in Ihrem Leben? Wollten Sie mal mit der Harley die Pan Americana runterfahren?«

»Woher wissen Sie das?«

»Sie sind ein Mann.«

»Oh.«

»Und?«

»Und was?«

»Was hindert Sie daran, es zu tun?«

»Mit der Harley die Pan Americana runterzufahren? Ich bin fast siebzig und habe nicht einmal den Motoradführerschein.«

»Und? Wo sind Sie gerade?«

»Auf der Landstraße zwischen Hamburg und ... Hören Sie, das ist was anderes. *Motorradfahren*. Und dann ist die PanAmericana auch nicht mehr das, was sie mal war.«

»Weil in Mexiko das Drogenkartell herrscht?«

»Zum Beispiel.«

»Dafür wimmelt es in Südamerika nicht mehr von Militärdiktaturen. Fällt Ihnen nichts auf, Herr Richter?«

»Was soll mir auffallen?«

»Dass Sie Gründe vorschieben.«

»Ich ... also ich ...« War vielleicht doch eine blöde Idee, die Psychotante anzurufen. Ich hätte mich einfach schnäuzen und weiterfahren sollen. Kann ja schließlich mal vorkommen, dass einen der Moralische packt. Aber sie weiß es natürlich besser: »Es ist gar nichts Außergewöhnliches, dass man seine Träume hinter sich lässt, Herr Richter«, erklärt sie. Und irgendwie schafft sie es, dabei wirklich sympathisch zu klingen. Sehr sympathisch. »Aber das hat gar nichts damit zu tun, dass es für die Träume irgendwann zu spät ist.«

»Ach nein? Woran liegt es denn dann?«

»Es liegt einfach daran, dass man reifer wird und erkennt, dass die Träume und Pläne, die man in jungen Jahren hatte, meistens Mist sind. Ich meine, mal ganz im Ernst, kein intelligenter Mensch fährt mit dem Motorrad die Pan Americana runter. Das war schon immer ein Höllentrip für Typen, die es mit dem Waschen nicht zu genau nehmen und die gerne schwarze Finger vom Schrauben an der Maschine haben. Abgesehen davon, dass Motorradfahren auf die Eier geht und es auf der ganzen Strecke kein einziges Hotel gibt, das nicht verwanzt ist.« Wie immer sie das jetzt meint ... »Aber lassen wir das. Sonst irgendwelche Träume? Mit dem Rucksack durch Indien? Ist zwar eher ein Frauentraum, macht es aber nicht besser: Oder Bundeskanzler werden? Die Chance liegt bei eins zu achtzig Millionen. Spielen Sie lieber Lotto. Fünf Kinder haben? Wenn sie zwei bekommen, sind die meisten bedient. Karriere machen? Das haben Sie doch sowieso getan, und wenn nicht, dann liegt es sicher nicht an ihrem Alter, sondern an anderen Dingen.

Nein, der Punkt ist: Sie haben keine Träume mehr, weil Ihre Träume entweder in Erfüllung gegangen sind – das sind in der Regel die wichtigeren – oder weil Sie mit den Jahren schlau genug geworden sind, sich nicht mehr jeden Unsinn schönzudenken. Das nennt man seelische Reife. Und darüber, lieber Herr Richter, sollten Sie sich freuen.«

Erst einmal stockt mir der Atem. Aber ehrlich gesagt: Die Frau versteht was von der Materie. Und sie kann sprechen wie ein Mann. Ich bin beeindruckt. »Könnte sein, dass Sie wirklich recht haben«, sage ich ganz seltsam berührt. »Danke. Mir geht's gleich viel besser.«

»Keine Ursache. Ich schicke Ihnen die Rechnung. Und Sie lassen sich bitte einen Termin in meiner Praxis geben. Denn die Erleichterung wird nicht lange halten. Was Sie brauchen, ist eine ausführliche Beratung.«

Dann legt sie auf. Und ich lege das Handy beiseite und schaue auf die vor mir liegende Straße, die so geradeaus verläuft, wie ich mir die Pan Americana vorgestellt habe. Aus dem Radio tönt es fröhlich »Close your Eyes«. Ganz ehrlich, der Musiktitel von Michael Bublé ist zwar keine wirkliche Empfehlung für die Weiterfahrt, aber irgendwie fühlt sich alles gar nicht mehr so übel an. Und mit einem Grinsen fahre ich weiter, den Kopf schüttelnd über jeden weiteren alten Traum, der mir in den Sinn kommt.

Erste Sitzung, Freitag, der 13.

Eigentlich sieht es ganz nett aus hier. Fast wie in meinem alten Wohnzimmer. Bisschen dunkel vielleicht. Aber die Sessel sind gemütlich und nicht so tief, dass man nicht mehr aufstehen kann.

»Guten Tag, Herr Richter! Nehmen Sie doch Platz.«

»Keine Couch?«, frage ich und sehe mich um.

»Sie meinen wegen Freud?«

»Na ja, ich dachte, beim Psychiater muss man auf die Couch.«

Sie lacht, als wäre das ein köstlicher Scherz, und ich weiß nicht, ob ich mich geschmeichelt fühlen soll oder ob es mir peinlich sein muss.

»Also, erst einmal soll das hier ja keine Psychoanalyse werden, sondern einfach ein Beratungsgespräch, nicht wahr? Und zweitens muss man dazu nicht liegen.«

Das erleichtert mich. Zumal ich ein Nickerchen gut brauchen könnte. Da würde schon fast die Gefahr bestehen, dass ich zwischendurch einschlafe. »Ja«, sage ich. »Also, dann setze ich mich mal.« Und stelle fest, dass die Sessel doch ganz schön nachgeben. Am Ende der Sitzung wird sie mich vermutlich mit ihrer Vorzimmerdame gemeinsam aus dem Polster hieven müssen.

»Wie geht es Ihnen heute?«

»Sagen Sie es mir, Frau Doktor.«

»Oh, das persönliche Wohlbefinden ist eine zutiefst subjektive Angelegenheit, Herr Richter. Wie es Ihnen geht, das können nur Sie beantworten. Ich kann nur versuchen, die Gründe für Ihr jeweiliges Befinden mit Ihnen gemeinsam herauszufinden.«

»Tja«, sage ich. »Ich weiß nicht. Wenn ich den Weg zur Psychiaterin gefunden habe, muss es mir wohl eher nicht so gut gehen.«

»Sie wollen sagen, es geht Ihnen schlecht.«

»Stimmt.«

»Dann sagen Sie es doch.«

»Hm?«

»Immer raus mit der Sprache! Sie fühlen sich unverstanden, erschöpft, frustriert, oversexed und underfucked, richtig?«

Mann! Wenn man mir das schon so ansieht ... Und dann lächelt sie, als wär's das Normalste von der Welt. »Geht uns doch allen so, Herr Richter«, stellt sie fest, und ich erlaube mir, nicht zu denken, was ich jetzt eigentlich denken müsste. Denn die Dame ist geschätzt zwanzig Jahre jünger als ich, sieht aufgeräumt aus wie der Kleiderschrank meiner Mutter – und außerdem ziemlich gut. »Denken Sie?«, frage ich zaghaft. »Ich weiß nicht. Es ist wahrscheinlich eher so, dass ich daran leide, dass ich älter werde. Midlife-Crisis und so, Sie verstehen?«

»Midlife-Crisis? Aber darüber sind Sie doch längst hinweg, lieber Herr Richter.« Sie sagt das wie eine Nettigkeit.

Soll ich gleich gehen? Oder ebenfalls taktlos werden? »Sprechen wir es ruhig aus«, setzt sie noch einen drauf. »Sie werden alt. Und das macht Ihnen zu schaffen.«

Ich klappe den Mund auf und wieder zu. Also, viel Zeit mit freundlicher Plauderei verschwendet sie jedenfalls nicht. »Sie stecken in einer Altersdepression.« Faltet die Hände, als wäre damit alles klar, lächelt mich freundlich an und schweigt.

»Altersdepression?« Wenn ich bis jetzt keine hatte, dann kriege ich sie jetzt. Offenbar mache ich einen ausgesprochen bemitleidenswerten Eindruck. Jedenfalls nickt sie verständnisvoll und stellt klar: »Aber das ist wirklich nichts Besonderes und auch gar nicht schlimm. Zwei von drei Männern fallen in eine solche Depression, wenn sie ein gewisses Alter erreichen, mit gewissen Einschränkungen zu kämpfen haben, ihnen die eigene Sterblichkeit vor Augen tritt …« So genau wollte ich es eigentlich gar nicht wissen.

»Und die Frauen?«, frage ich alberner Weise.

»Bei denen sind es nicht so viele. Aber das liegt ja auf der Hand.«

Vermutlich. Und doch gibt es welche. Okay, sage ich mir. War's das? Bin ich hierhergekommen, um mir sagen zu lassen, dass das Leben endlich ist und der Spaß sowieso vorbei?

»Die gute Nachricht ist allerdings«, sagt sie, und ich schöpfe Hoffnung, »dass wir daran arbeiten können.«

»An meiner Sterblichkeit?«

Wieder dieses Lachen. Was muss ich amüsant sein für die Frau! »Nein. Das schaffen Sie von ganz allein. Wir arbeiten daran, dass die Depression weggeht.«

Das klingt allerdings viel besser! »Ja? Und wie machen wir das?«

»Ich gebe Ihnen Übungen auf, Sie versuchen, sie durchzuführen, und wir besprechen die Ergebnisse dann bei unseren nächsten Treffen. Ich schlage vor, Sie kommen einmal die Woche, und dann sehen wir mal, wie schnell wir aus Ihnen altem, sauertöpfischem Trauerkloß einen lebensfrohen Spaßvogel machen!«

Okay, so hat sie das nicht gesagt. Aber ich glaube, so hat sie es gemeint. Und genauso wollte ich es eigentlich hören, wenn ich ehrlich bin. Dafür bin ich schließlich hergekommen. Ich wollte hören, dass mir jemand sagt: So schlimm ist das gar nicht. Im Gegenteil! Eigentlich kann dein Leben sogar richtig schön sein. Vermutlich hat Frau Doktor Faust ihre Gesprächsführung im Gefangenenlager Guantanamo perfektioniert: erst einmal das Opfer richtig fertigmachen, dann ein bisschen Hoffnung verbreiten, das macht das Gegenüber gesprächig und gefügig.

Nach einer Stunde Gesprächigkeit und Gefügigkeit bekomme ich meine Übung.

Übung 1: Freu dich über den Ballast, den du abwerfen kannst.

Rentnerpech

Ist Ihnen das auch schon mal aufgefallen? Immer dort, wo es nützlich wäre, klappt es nicht mit dem Rentnerbonus. Mir jedenfalls bietet so gut wie nie jemand einen Sitzplatz im Bus an, wenn er gerade brechend voll ist. Meine Frau meint, dass es mit Sicherheit daran liegt, dass ich nie Bus fahre. Okay, da hat sie nicht unrecht. Aber macht es das besser? Es gibt genügend Alternativen. Nehmen wir zum Beispiel den Zoo. Beim Bezahlen habe ich entweder meinen Rentnerausweis vergessen, oder ich muss mich auf eine Diskussion einlassen: »Sie sind doch noch gar kein Rentner! Ich habe Sie doch neulich erst im Fernsehen gesehen.«

»Der Film ist fünfzehn Jahre alt, gute Frau. Da hatte ich noch schwarze Haare und trug keine Brille. Außerdem heißt Rente ja nicht, dass man nichts mehr tut, nicht wahr?«

»Sondern was? Dass man Rabatt aufs Leben bekommt? Ich muss ja auch überall den vollen Preis bezahlen!«, zickt die Kassiererin mich an.

»Nein. Es heißt, dass man jahrelang oder jahrzehntelang in die Sozialkassen eingezahlt hat und nun ein bisschen was davon zurückbekommt.«

Ich will mich ja wirklich nicht beklagen. Aber es ist schon seltsam: Für tausend Dinge (zum Beispiel wieder mal eine knackige Rolle mit allem drum und dran) ist man plötzlich zu alt, für andere ist man nicht alt genug (zum Beispiel, wenn mal das Leben von Heesters verfilmt werden sollte; aber so alt kann man ja fast nicht werden, es sei denn, man wurde als Schildkröte geboren). Wie gerne würde ich mich mal gemütlich mittags aufs Sofa legen und ein Nickerchen machen wie mein Schwiegervater oder auf das Bänkchen vor dem Haus setzen und ein Pfeifchen rauchen, so wie mein Großvater das einst getan hat. Nur mal so ein Stündchen lang den lieben Gott einen guten Mann sein lassen, und keiner will was von mir. Doch abgesehen davon, dass ich dieses Bänkchen dort gar nicht erst aufstellen durfte (O-Ton meiner Frau: »Spinnst du? Da setzen sich dann irgendwelche fremden Leute drauf und glotzen in unsere Fenster. Außerdem wird hier nicht geraucht!«), vergehen in meinem Leben keine zehn Minuten, in denen nicht jemand was von mir will.

Ryan macht mir Freude

Ich habe viele Interessen, und in manchen Dingen kenne ich mich durchaus gut aus. Geschichte des 17. bis 19. Jahrhunderts, englische Spannungsliteratur, Federkernmatratzen ... Eher nicht so gut kenne ich mich in der Welt der Naturwissenschaften oder gar der Mathematik aus. Nicht ganz sicher bin ich mir darin, wie gut ich mich im Umgang mit meinen Kindern auskenne. Manchmal finde ich, es läuft einfach wunderbar und ich habe sowieso die besten Kinder der Welt. Dann wieder sind sie mir ein Buch mit sieben Siegeln, und ich verstehe die Welt nicht mehr. Am schlimmsten ist es freilich, wenn zwei solche Dinge zusammentreffen: ein Tag, an dem ich meinen Sohn nicht verstehe – und ... Aber der Reihe nach.

Ryan, neun Jahre, vierte Klasse, liebt es, sich in seinem Zimmer zu verbarrikadieren und Geheimnisse zu krämen. Ich denke, das hat er sich von seiner großen Schwester abgeschaut, die allergisch darauf reagiert, wenn sich jemand ihrer Zimmertür nur nähert. An einem schönen Montag im Mai aber saß Ryan plötzlich im Wohnzimmer, um Hausaufgaben zu machen. Ich kann mich nicht erinnern, dass er das seit der zweiten Klasse jemals getan hätte. »Alles klar, Sohnemann?«, fragte ich unvorsichtiger Weise ganz jovial und erwartete nicht wirklich eine Antwort.

»Na ja«, kam es zögerlich.

Das ließ mich aufhorchen. »Wieso, was ist denn los?«

»Nee nee, alles cool, Paps.«

War es dann aber gar nicht. Denn es dauerte keine halbe Tasse Kaffee, bis er mit der Sprache rausrückte: »Ganz schön schwierig, die Aufgaben.«

Ganz klar ein Fall für Superpapa! »Wo hakt es denn? Lass mich mal gucken.« Das hätte ich besser nicht gesagt. Haben Sie schon mal die Aufgaben heutiger Viertklässler an einer durchschnittlichen Grundschule angesehen? Astrophysik, Nuklearmedizin oder Molekularbiologie sind nichts dagegen! Es fing schon damit an, dass ich nicht mal kapierte, worauf die Aufgabe überhaupt hinauswollte – und leider endete es auch damit. Nicht nur, dass ich nicht wusste, wie man die Aufgabe löst, ich wusste nicht einmal, was das Ganze sollte. »*Das* lernt ihr in der Schule?«, fragte ich verblüfft.

»Dachtest du, ich mach das freiwillig?«, fragte mein Sohn zurück.

Nein, das ist nicht anzunehmen. Sicher gibt es Menschen, die das gerne tun und auch kapieren. Ich gehöre nicht dazu. Den Schülern freilich bleibt keine Wahl, die müssen sich das irgendwie in den Kopf trichtern lassen und versuchen, es zu verstehen. Lange Jahre. Und während ich so über den Lauf der Welt nachdachte und meinen Sohn ein wenig bemitleidete, ging mir plötzlich ein Licht auf: Ich muss das nicht mehr! Ich habe das hinter mir! Mit dieser Mühsal bin ich nicht mehr belastet, das habe ich hinter mir. Ich habe Ballast abgeworfen! Frau Doktor Faust kam mir in den Sinn. Das war's, was sie gemeint hatte. Wenn man älter wird, gibt es vieles, was einen nicht mehr runterziehen kann. Weil es niemand mehr von einem erwartet. Weil es nicht mehr verpflichtend ist. Oder weil man einfach gelernt hat drüberzustehen! Das musste ich ihr unbedingt beim nächsten Treffen berichten.

Treppenwitz der Technikgeschichte

Ich gebe es zu, ich habe ein Faible für Technik. Das neue iPhone: mein Ding. Eine Doku über Raketentriebwerke: muss ich sehen. Ein sportlicher Flitzer mit ordentlich PS: immer her damit. Technik begeistert mich. Schon immer. Kein Wunder, dass aus dem kleinen Jungen mit der elektrischen Eisenbahn ein begeisterter Automobilist geworden ist. Selbstverständlich lese ich ab und zu Autozeitschriften. Irgendwann ist mir allerdings aufgefallen, dass doch ganz schön viel Werbung in diesen Heften steht. Und was für Werbung! Man möchte ja meinen, dass hier Jaguar und Porsche ihre Anzeigen schalten und auch die Reifenhersteller ihre – oft etwas unemanzipierte, aber dafür sehr ansehnliche – Werbung abdrucken. Es hat einige Zeit gedauert, bis ich bemerkte, dass in den Anzeigen nicht für sich nach vorne beugende junge Damen ohne BH mit halb geöffneten Blusen geworben wird, sondern für Autoreifen. War das früher auch so? Scheint sich jedenfalls sehr deutlich geändert zu haben. Mag aber auch daran liegen, dass sich meine Wahrnehmung nach oben hin verlagert hat. Mittlerweile gelingt es mir immer häufiger, mit dem Hirn zu denken, wenn Sie wissen, was ich meine.

Wenn man aber so ein Heft von hinten aufschlägt, dann fällt überdeutlich auf, dass hier sogar für Treppenlifte geworben wird. Ja, Treppenlifte, Sie haben ganz richtig gelesen. In der Automobilzeitschrift. Nachdem mir das klar wurde, habe ich begonnen, darüber nachzudenken. Was um alles in der Welt hat eine Autozeitschrift mit Treppenliften zu tun? Was will mir der Werbetreibende damit sagen, dass er mich für die richtige Zielgruppe hält?

Irgendwie wirkt das alles sehr fragwürdig und ausgesprochen uncharmant. Dachte ich jedenfalls. Bis mir klar wurde, was für ein faszinierendes Wunderwerk so ein Treppenlift eigentlich ist!

So ein Treppenlift ist gewissermaßen der Bentley für die eigenen vier Wände. Und was es da alles für unterschiedliche Modelle gibt! Stufenlos regulierbar, höhenverstellbar, schwenkbar, mit eingebauter Dusche und Staubsaugerfunktion … Nun gut, ich übertreibe. Aber das zeigt nur, dass auch hier noch tausend herrliche technische Spielereien möglich sind.

Nachrichten aus Nudistan

Die erste Übung – Ballast abwerfen und sich dran freuen – meiner Psychologin gab mir in jenen Tagen viel zu denken, und ich kann nicht behaupten, dass es immer vergnügliche Gedanken gewesen wären. Man lässt ja vieles hinter sich, es ist ganz erstaunlich! Beim Kochen fällt einem auf, dass man bestimmte Speisen schon seit Jahren, ach was: Jahrzehnten nicht mehr gegessen hat. Im Schwimmbad bemerkt man, dass man im Body-Shape-Contest nicht mehr mitspielen kann. Außer natürlich in der Sauna. Und da sollte man im Alter auch nicht nachlassen. Saunieren hält gesund und fit. Die Finnen wissen eben, was gut ist. Bei uns hat man früher öfter die Sauna besucht, scheint mir. Aber vielleicht ist das auch nur ein persönlicher und ganz falscher Eindruck. Kann auch daher kommen, dass ich schon länger nicht mehr mutwillig geschwitzt habe. Dabei fand ich das eigentlich immer ganz angenehm. Sicher, wenn man ein »Promi« ist, hält man sich mit öffentlichen Nacktauftritten zurück, man will ja nicht alles zeigen. Aber wenn man sich wirklich mal in die öffentliche Sauna verläuft oder an den FKK-Strand, dann heißt es eben: cool bleiben.

Man möchte ja meinen, dass es eher die wohlgeformten jungen Menschen an die nahtlosen Orte zieht. Aber als ich neulich mal sehr ausnahmsweise doch dem Rat meines Arztes gefolgt und in die Sauna gegangen bin, musste ich feststellen, dass mein unrühmlicher Bauchspeck sich in bester Gesellschaft befand: Da saßen praktisch nur ältere Männer, der eine oder andere in Begleitung einer älteren Frau, auf den Bänken und tropften fröhlich vor sich hin. Jugend: Fehlanzeige.

Mich hat das überrascht, und ich musste die Beobachtung mit meiner Frau teilen.

Ihre Reaktion war mehr als eindeutig. »Wie, du bist in die öffentliche Sauna gegangen? Nicht dein Ernst, oder? Was wolltest du da? Luschern? In deinem Alter!«

Das fand ich nun doch ein wenig verletzend. Außerdem wusste Beate, dass ich immer ohne Brille in die Sauna gehe. Das Ding beschlägt doch, und was soll ich dann noch sehen? Es wäre schließlich endpeinlich, wenn ich meinen Nachbarn mit seiner Frau verwechsle, nur weil sie im Adamskostüm ziemlich genau die gleiche Figur haben. Außerdem: »Doktor Faust hat es mir empfohlen.«

»Also wirklich. Das ist doch schlimm peinlich. Demnächst machen wir dann wahrscheinlich FKK-Urlaub?«

Peinlich? Was soll daran peinlich sein, seinen Körper zu entschlacken, den Kreislauf in Schwung zu bringen und sich mal ganz ungeniert unter andere Ungenierte zu begeben? Neugierig geworden, begann ich das Thema mal zu recherchieren. Und siehe da: »Nudisten geht der Nachwuchs aus!« Das war eine der meistverbreiteten Meldungen. Zuerst dachte ich, dass Nudismus sich offenbar negativ auf die Fruchtbarkeit auswirken müsse, was mir zunächst nicht ganz einleuchten wollte. Doch dann wurde mir klar: Es kommen keine jungen Nacktbader mehr nach! Die Ollen werden immer älter – und die Jungen ziehen sich lieber was an, wenn sie am Strand sind oder ins Wasser gehen. Verkehrte Welt! War das nicht bei uns mal eine Form des Protests gegen die Prüderien unserer Eltern, dass wir textilfrei herumliefen?

Ich beschloss, das mal zu prüfen, und suchte an unserem Ferienort den nächstgelegenen Nacktbadestrand auf – Details will ich Ihnen ersparen. Und siehe da: Es war in der Tat ein Bild wie in der Sauna. An der Strandbar verkauften sie Sangria, und das Netz beim Beachvolleyball hing ungefähr auf Kniehöhe. Was da sonst noch alles hing, will ich gar nicht erst erwähnen.

So fit war ich noch nie

Manchmal sind es ja die kleinen Dinge, die zählen. Sagt man so. Meine Frau würde sicher einschränken: Bei Männern ist da Vorsicht geboten!

Nicht, was Sie jetzt vielleicht denken. Vielmehr will ich damit sagen, dass Männer die kleinen Dinge gerne übersehen. Die diskreten Zeichen, die versteckten oder eben nur angedeuteten Signale. So was wie – dass plötzlich eine Zeitschrift auf dem Kopfkissen liegt. Auf meiner Seite des Betts. Und zufällig ist sie aufgeschlagen auf einer Seite, über der die Überschrift prangt: »So fit war ich noch nie!« Oder: »Waschbrettbauch in 10 Tagen!« Natürlich bin ich damit gemeint, der berühmte Wink mit dem Zaunpfahl. Hose runter, Hemd aus und ab vor den Spiegel. Okay, von vorne geht's noch einigermaßen (die kleinen Henkel links und rechts lassen wir mal außen vor), aber dann kommt der Schock, nämlich die Drehung ins Profil.

Alter Schwede, der dicke Mann, der da steht, sieht mir erschreckend ähnlich. Oder liegt das an meiner schlechten Haltung? Also noch mal: Bauch rein, Schultern nach vorne, Muskeln anspannen. Kaum Änderung, ja, ich bin eindeutig zu dick. Oder zu klein für mein Gewicht. Plötzlich verstehe ich auch den alten Witz über die »Spiegeleier«. Meine könnte ich auch nur noch im Spiegel sehen. Meine Wampe versperrt sogar den Blick auf meine Zehen. Und wo ist eigentlich mein Hintern hin? Fassungslos ziehe ich mich wieder an. Beate hat recht, und ich werde ihr beweisen, dass ich ihren Hinweis verstanden habe. In zehn Tagen habe ich einen Waschbrettbauch und wieder freie Sicht auf den unteren Teil meines Körpers. Im Augenblick aber habe ich Hunger. Morgen! Morgen ist Donnerstag, der perfekte Tag, um eine Diät zu beginnen (und zwar nach einem ausgiebigen Frühstück). Außerdem kann man in meinem Alter ruhig ein bisschen mehr auf den Rippen haben. Es kommt ja auch immer drauf an, mit wem man sich vergleicht, nicht war? In Japan zum Beispiel haben die super Sportler! Und diszipliniert sind die, da kann sich der Rest der Welt eine Scheibe abschneiden. Das ganze Land sieht zu und bewundert diese Typen, die vollen Einsatz bringen und wie Popstars verehrt werden, auch wenn mir gerade nicht einfällt, wie sie heißen.

»Sumo«, sagt Beate trocken. »Das sind Sumo-Ringer. Und die sind kein Maßstab. Nicht für dich, mein Schatz.«

Frauen können ja so ungerecht sein. Und na ja, wirklich fit im Sinne des Wortes war ich noch nie ... Was soll das auch schon heißen? Ich bin keine zarte zwanzig mehr. Abgesehen davon: Den Hundertmeterlauf habe ich immerhin schon mal unter zehn Minuten geschafft.

Trotzdem reagiere ich ein wenig pikiert auf diesen Wink mit dem Zaunpfahl. Dabei klingt das alles nicht unbedingt demotivierend. Es gab vor einiger Zeit schon mal einen Artikel mit dem Titel »8 Kilo in 8 Wochen – satt fühlen, kein Jo-Jo-Effekt«. Also acht Kilo in acht Wochen, das schaffe ich auch, dachte ich mir. Vor allem, wenn ich mich dabei satt fühlen darf. Vielleicht fange ich dann erst Donnerstag in einer Woche mit der Diät und Sport an. Wobei, Donnerstag wäre es ja theoretisch auch in drei oder vier Wochen. Beate hat irgendwo so einen Mondkalender herumfliegen. Albernes Teil, Eso-Kram. Einerseits. Andererseits zieht sie den immer zurate, wenn sie sich die Haare schneiden lassen will oder wenn sie Karotten kauft oder so was. Vielleicht doch keine so schlechte Idee, das Ding auch mal zu konsultieren, jetzt wo ich abnehmen soll. Nicht, dass ich am Ende zur völlig falschen Mondphase abgenommen habe. Oder gegen den zunehmenden Mond ... Dann lieber noch ein bisschen warten, bis die Sterne günstiger stehen. Außerdem steht Beate gar nicht auf Waschbrettbauch. Hat sie mir jedenfalls wenig glaubhaft versichert. Mit zunehmendem Alter handle ich nach dem Motto: »Der Mensch glaubt gerne das, was es für ihn leichter macht.«

Gut, acht Kilo weniger, das ist ein sportliches Ziel. Vor allem, wenn man gleichzeitig satt werden soll. Klappte bei mir in den folgenden Wochen nicht wirklich. Immerhin, das dritte Versprechen ging in Ordnung: kein Jo-Jo-Effekt! Wo nichts runtergeht, kann auch nichts hochgehen, und ich rede nicht von der Potenz.

Ich staune ja immer wieder, was einem so versprochen wird in den einschlägigen Zeitschiften (die seit dieser Begebenheit rein zufällig immer wieder bei uns in der Wohnung herumfliegen). Besonders interessiert hätte mich »Mode, die jünger macht«. Ich bin ja nicht naiv. Gemeint war natürlich Mode, die einen jünger *aussehen lässt*. Aber auch das war in dem Heft leider nicht zu finden. Denn Mode, die jünger macht, brauchen offensichtlich nur Frauen. Da war kein Stück dabei, das ich als Mann hätte tragen wollen, nicht mal etwas, was als Schottenrock durchgegangen wäre. Das Einzige, was in dem Zusammenhang auf das männliche Geschlecht anwendbar gewesen wäre, war das Versprechen: »Diese Haarfarbe macht Sie jünger.« Wenn ich mir meine Haare morgens im Spiegel ansehe, möchte ich behaupten: *Jede andere* Haarfarbe außer Weiß macht einen jünger!

Auch bei der »Super XXL-Mode« war übrigens nichts zu finden. Lauter Fummel für die holde Weiblichkeit. An uns Männer denkt einfach keiner.

Außer wenn es um die Gesundheitstipps geht. Warum auch immer: Männer sind da ein großes Thema, selbst in einer Zeitschrift, die sich ausschließlich an Frauen wendet. Wahrscheinlich, weil Frauen immer gerne an ihren Männern herumdoktern. Jedenfalls meine. Schon meine Mutter eigentlich. Neuerdings sogar meine Tochter! Die hat mir zu Weihnachten ihr gebrauchtes Fitness-Armband geschenkt: »Für dich, Papi. Damit du weißt, wie viele Schritte du am Tag gehst.«

Wie viele Schritte ich am Tag gehe? Wer will das wissen? Ich sicher nicht. Meine Frau, die würde es vermutlich gerne wissen. Aber leider ist mir das Fitness-Armband beim Joggen in die Binnenalster gefallen. Dazu muss ich gestehen, dass ich weder Joggen noch an der Binnenalster war. Ich hoffe sehr, dass ich nicht versehentlich drauftrete, wenn mir jemand ein neues schenkt. Oder es im Schwimmbad liegen lasse.

Meine Frau fand, dass ich dringend mal den »Neuen Ärzte-Check« lesen sollte. Habe ich dann auch brav gemacht. Nur dass die – ganz entgegen meine Erwartungen – keineswegs die Ärzte gecheckt haben in dem Artikel. Stattdessen wiegelten sie die Frauen auf, mal den Puls »ihres Mannes« zu testen. Bizarrer Weise fanden sie da praktisch alles pathologisch: Puls zu schnell. Puls zu langsam. Puls unregelmäßig. Also, wenn ich bezogen auf *meine* Gesundheit eines sicher sagen kann, dann ist es das, dass ich mir um meinen Puls vor allem dann Sorgen machen muss, wenn ich *keinen* mehr habe.

Aber so weit kommt es dank familiär-medizinischer Vollkontrolle sicher in den nächsten zwanzig Jahren nicht. Hoffe ich!

Golden Boy

Neulich las ich in einer Zeitschrift, dass die Best Agers für die Wirtschaft immer wichtiger werden. Sie sind konsumstark und unternehmungslustig, reisen mehr als früher und geben mehr Geld aus. Mich hat das nicht überrascht, denn es gilt für viele meiner Bekannten. Was mich stutzig gemacht hat, war der Begriff: Best Ager. Irgendwie war mir das vorher so nicht aufgefallen, aber je länger ich darüber nachdachte, umso deutlicher wurde mir, dass es immer mehr Begriffe gibt, die ganz anders klingen als das, was sie meinen: Man wird heute nicht mehr »alt«, man kommt in »die besten Jahre«. Wieso das die besten sein sollen? Keine Ahnung. Eher leuchtet mir schon der andere Ausdruck ein, der mir in dem Zusammenhang unterkam: Silberrücken. Denken Sie jetzt bitte nicht an Gorillas. Denn diese »Silverbacks« sind noch tierisch fit. Immerhin sorgen die ständig für Nachwuchs (und das bei mehreren Weibchen), verteidigen ihr Revier usw. Silberrücken also. Hat was, klingt edel.

Best Ager. Und was sonst noch alles?

Es hat sich ums Älterwerden eine ganze Bewusstseinsindustrie gebildet. Was früher trist und betrüblich klang, erscheint plötzlich erstrebenswert und glorreich! Aus den grauen Omis werden Golden Girls. Aus den reanimierten Ruheständlern werden Business Angels. Merken Sie was? Das klingt doch gleich ganz anders. Hier ein kleines ABC des neuen Oldie-Sprech:

Altengymnastik:	XXL-Stretching
Alte Schachteln:	Golden Girls
Falten:	3D-Tattoo
Glatzköpfig:	Waxed headed
Haarausfall:	Auto-Waxing
Hörgerät:	Senior Surround System
Junge Partnerin:	Wishful thinking/ Wunschdenken
Potenzprobleme:	Blue pill readyness
Reicher Onkel:	Oldie but Goldie
Rentner:	Bonvivant
Scheintot:	Rüstig
Schmerbauch:	Erogene Nutzfläche
Sexuelle Lustlosigkeit:	Gelebte Realität
Tattergreis:	Grandseigneur
Wechseljahre:	Menopause
Wiederbelebung:	Partnermassage

Zweite Sitzung, Freitag, der 20.

»Guten Tag, Herr Richter, kommen Sie nur herein.«
»Ich möchte nicht stören. Wenn Sie noch beschäftigt sind ...«
»Nein, nein.« Frau Doktor Faust zupft in aller Ruhe noch an einer Augenbraue, prüft den Effekt mit der Selfie-Funktion ihres Handys und setzt dann ihr freundlichstes Lächeln auf. »Nun, wie war die zurückliegende Woche für Sie, Herr Richter?«
Da sitzt sie, perfekt geschminkt, perfekt gekleidet, kein Ischias, keine Arthrose und kein bisschen Blähungen, und will mich allen Ernstes verstehen. »Na ja«, fange ich an. »Bisschen besser vielleicht.«
Sie nickt und sieht gar nicht überzeugt aus. »Haben Sie denn Ihre Übungen gemacht?«
»Übung«, sage ich. »Es war nur eine.«
»*Freu dich über den Ballast, den du abwerfen kannst*«, zitiert sie sich selbst, übrigens ziemlich schneidig. Das wäre auch etwas einfühlsamer möglich gewesen. »Und? Was haben Sie alles abgeworfen?«
»Also, erst einmal habe ich Mathe abgeworfen.«

»Bitte?«

»Mein Sohn muss Mathe machen und kapiert es nicht. Meine Tochter kapiert es zwar, will es aber auch nicht machen. Nachdem ich es weder kapiere noch machen will, hat meine Frau irgendwann die Hausaufgaben mit unserem Sohn gemacht.«

»Und Sie?«

»Ich war froh, dass ich nicht mehr Mathe machen muss.«

Bedeutungsvoll nickt sie. »Sehen Sie? Nie wieder Mathe. Das können Ihre Kinder nicht sagen. Die müssen machen, was man ihnen sagt. Sie haben das hinter sich. Wie so vieles. Sonst noch was?«

»Hä?«

»Außer Mathe.«

»Oh. Na ja, vielleicht, dass ich nicht mehr arbeiten muss?« Ich fabuliere frei, denn eigentlich arbeite ich noch ganz gerne – obwohl ich Rente bekomme. »Dass ich nicht mehr jede Nacht den Hengst geben muss. Dass ich nicht mehr so viel Hektik im Alltag habe ...«

»Sehen Sie, Herr Richter, das ist es. Sie haben es erkannt. Ab einem gewissen Alter erwartet man vieles von Ihnen nicht mehr. Sie müssen nicht mehr Geld scheffeln, hinter jedem Rock herhecheln, allen alles beweisen und den großen Zampano markieren. Sie haben keine fette Geldbörse, keine sexuelle Attraktion, keine Wichtigtuereien mehr nötig.«

»...« Ich möchte gerne was sagen, aber irgendwie schafft sie es, dass mir jedes Wort im Hals stecken bleibt. Keine sexuelle Attraktion mehr nötig? Hat sie gerade so was gesagt? »Also, ich ...«

»Ja, Sie, Herr Richter!«, sagten sie und erhebt sich wie eine

Rachegöttin aus ihrem Sessel, die Hand in die Höhe gestreckt. »Und das Allerbeste haben Sie noch gar nicht erwähnt.«

»Und das wäre?«

»Sie haben keine Zukunftssorgen mehr!«

»Also, ich …«

»Und wissen Sie, warum?«

Ich gebe auf. »Wollen Sie's mir verraten?«

»Weil Sie die Zukunft *sind!*«

»Ich? Die Zukunft?« Ich dachte ja immer, unsere Kinder seien die Zukunft. Aber nein, sie sagt das wirklich, und so wie sie es sagt, muss ich gestehen, da ist was dran: »Jahrelang, jahrzehntelang haben Sie Angst davor gehabt, was wohl kommt, wenn Sie alt sind. Sie haben sich abgestrampelt, damit dann genügend Geld in der Kasse ist, und Sie sind Kompromisse eingegangen im Beruf und in der Partnerschaft, damit Sie im Alter nicht allein und mittellos dastehen. Sie haben sich arrangiert und gleichzeitig große Sorgen gehabt. Wird das alles gut gehen? Was wird die Zukunft bringen? Und nun ist es passiert: Sie sind alt geworden! Die Zukunft hat bereits begonnen. Und Sie stecken mittendrin. Ist das nicht genial?«

Ich finde ja, sie sollte Versicherungsvertreterin werden. Die kann den Eskimos Kühlschränke verkaufen. Und den Beduinen Sand. Einerseits. Andererseits: Es ist ja was dran. Sie scheint das Blitzen in meinen Augen zu sehen, diesen Funken Erkenntnis. »Ja?«, sagt sie. »Sie haben es erkannt? Das ist gut. Denn das ist Ihre nächste Lektion.«

»Aha? Nämlich was?«

Übung 2: Die Zukunft hat schon begonnen. Genieße das Jetzt!

Die Ü50-Party

Genieße das Jetzt! Leicht gesagt, aber wie macht man das? Sich auf den Harndrang konzentrieren? Den Haaren beim Ausfallen zusehen? Ich beschloss, mich einfach mal auf eine Bank mitten in der Stadtmitte zu setzen und mir möglichst aufmerksam die Umgebung anzusehen. Und in der Tat: Interessant, was man so entdeckt! Menschen, die in die eine Richtung hetzen, als ginge es ums nackte Überleben. Menschen, die in die entgegengesetzte Richtung hetzen, als ginge es ums nackte Überleben. Menschen, die sich mit für das menschliche Auge kaum noch wahrnehmbarer Langsamkeit bewegen (na gut, das war, als ich mal kurz einen Abstecher zur Post gemacht habe). Autos, Schaufenster, Plakate ...

Ach, sieh mal einer an! Sie kennen das: Man geht auf eine Party und stellt bestürzt fest, dass niemand auch nur annähernd so alt ist wie man selbst. Schwer, sich noch deplatzierter vorzukommen. Fehlt gerade, dass jemand sagt: »Soll ich dir meinen Sitzplatz anbieten, Opi, bevor du ins Koma fällst?«

Irgendjemand aber war wirklich clever und hat vor Jahren die Ü-Party erfunden. Seither sind ganze Großstädte plakatiert mit riesigen Anzeigen:

»Ü18-Party« (war natürlich der cleverste Schachzug überhaupt, denn was Ü18 ist, muss verlockend klingen, vor allem für all jene, die U18 sind)

»Ü30-Party« (sprich: eine Veranstaltung für alle, die irgendwie niemanden abgekriegt und nun Torschlusspanik haben)

»Ü40-Party« (klar ein Versprechen für alle, die die erste Scheidung hinter sich haben: Das Leben geht weiter)

Seltener sieht man die »Ü50-Party« – und ich frage mich,

wieso eigentlich? Über fünfzig sein und Party machen sind ja geradezu zwei Seiten einer Medaille! Wer die fünfzig überschritten hat, ist aus dem Gröbsten raus, kann sich Party leisten, ist oft (nicht mehr) gebunden, aber (noch öfter) auf der Pirsch, sucht das Abenteuer, strotzt vor Lebenslust und weiß, wie man die Sau so richtig rauslässt. Oder alternativ: hat es gar nicht mehr nötig, weil er nämlich dreißig Jahre lang die Sau rausgelassen hat.

Umso erfreuter also war ich, als ich neulich ein Plakat »Ü50-Party« sah. Über den Slogan »Rocken, bis der Arzt kommt« habe ich mir nicht so viele Gedanken gemacht. Hätte ich vielleicht tun sollen. Denn die Veranstaltung entpuppte sich als eine Mischung aus Rocky Horror Show, Musikantenstadel und Hitparade. Mit anderen Worten: Es war ein albtraumhaftes Erlebnis! Und ich weiß jetzt auch, warum so selten Ü50-Partys angeboten werden.

Am Eingang standen die Rentner, die mit den Typen von der Kasse darüber diskutierten, dass sie für 18 Euro (inklusive einem Kräuterschnaps) gefälligst eine ordentliche Eintrittskarte zu bekommen hätten und nicht nur einen albernen Stempel, der sich dann nicht einmal abwaschen lässt. Ich vermute, da hatte jemand Angst, nach Hause zu kommen und unangenehme Fragen beantworten zu müssen. Dann natürlich die Musik: zu laut, um sich zu unterhalten, zu leise, um mit dem Tanzbein den Takt richtig zu erwischen. Ich vermute, der DJ war Ü70 und wegen Übermüdung längst weggenickt. Überhaupt: die Musik! Wenn man sie denn so nennen mag. Weshalb glaubt jemand, dass Überfünfzigjährige immer noch Christian Anders und Chris Roberts hören wollen? Als hätte es früher nicht auch klasse Musik gegeben – und vor allem: als hätten wir bis heute nicht kapiert, was damals schon grauenhaft war!

Dann die Klamotten. Warum auch immer, jemand schien die gesamten Kleider der Anwesenden in einem Schwung zu heiß gewaschen zu haben. Die Damen waren in Wurstpellen gezwängt, die Herren in der Mitte durch ein geknöpftes Sakko stranguliert.

Wenn man in den kurzen, spontanen Wachphasen des DJs mal die Dieter-Thomas-Heck-artigen Kommentare ignorierte, dann herrschte eine Stimmung wie auf dem Oktoberfest nachts um halb elf oder auf der Reeperbahn morgens um drei. Es waren vielleicht nicht mehr die allzu frischen Jahrgänge da, die Damen waren vielleicht etwas verzweifelt, die Herren ganz sicher. Aber hey, das Motto haben sie zumindest ernst genommen. Sie haben gerockt, bis der Notarzt kam.

Wie amüsiert man sich fast zu Tode? Man geht auf die Ü50-Party.

Fit wie ein Filzpantoffel

Sport? Diät? Fett absaugen? Oder doch Sport? Altern, so heißt es, ist der stete Kampf gegen den körperlichen Verfall. Klingt dramatisch. Ist es auch. Ich tröste mich mit der Erkenntnis, dass dieser Kampf im Grunde schon mit der Geburt beginnt. Na gut, zuerst einmal werden die Falten weniger. Aber wie lange hält das schon! Auf die gesamte Lebenszeit hochgerechnet, ist das ein Klacks. Die letzten Pickel sind noch nicht ausgedrückt, da tauchen schon irgendwo die ersten Fältchen auf. Viele tragen schon in der Grundschule eine Brille. Trotzdem muss man natürlich was dafür tun, dass es mit der Fitness nicht allzu schnell bergab geht. Sagt zumindest meine Frau.

Gott sei Dank: Sport war schon immer mein Ding. Fußball. Tennis. Ski. Sprich: Bayern München, Boris Becker, Christian Neureuther. Eher weniger: Bolzplatz, Court und Piste. Denn typologisch gehöre ich eher zu dem, was man Passivsportler nennt. Will heißen, ich gucke das alles gerne, mache es aber nicht – wenn's nicht unbedingt sein muss. Klar, auf der Schauspielschule habe ich Reiten gelernt, Fechten, Tanzen (das würde meine Frau vehement bestreiten, aber die denkt dabei immer nur an ihre Füße, nie an meine) und so weiter. Das hatte was mit Körperbeherrschung und Handwerk zu tun, darauf lege ich durchaus Wert. Aber mal ehrlich: Heute bekomme ich eher selten Rollen für Liebhaber in Mantel-und-Degen-Filmen, da muss das Florett nicht mehr ganz so sauber durch die Luft pfeifen. Mit der richtigen Garderobe sieht man auch die Jahresringe nicht, die sich mir ungerechter Weise irgendwann um die Hüften gelegt haben. Meine Frau zieht mich ja gerne damit auf, findet mich dann – halb ehrlich, halb ironisch, halb neckisch – ausgesprochen knuddelig und knuffig, womit sie natürlich richtig liegt. Leider. Aber von Zeit zu Zeit nimmt sie die paar Pfunde, die ich zu viel auf die Waage bringe, auch schwer. Dann winkt sie mit dem Zaunpfahl, indem sie auf die sensationelle Figur zu sprechen kommt, mit der Heiner Lauterbach plötzlich glänzt, Body-Shaping-Bücher in der Wohnung herumliegen lässt oder in intimen Momenten etwas überdeutlich ächzt und nach Luft ringt. Und wenn das alles nichts hilft (was in der Regel der Fall ist), dann wird sie direkt: »Schatz, es wird Zeit, dass du ein bisschen Sport machst.«

»Tu ich doch.«

»Ja? Und was?«

»Ist dir mal aufgefallen, wie oft ich an einem einzigen Tag die Treppen in unserem Haus rauf- und runterlaufe? Dagegen ist der Hong-Kong-Hills-Marathon ein Klacks.«

»Du läufst nicht, du schleichst. Mein Opa bewegt sich schneller. Und der ist seit zehn Jahren tot.«

Manchmal kann sie ganz schön uncharmant sein, das lässt sich nicht leugnen. »Okay«, sage ich. »Was schlägst du also vor?« Und ich bin auch nur ein klitzekleines bisschen eingeschnappt. Zumindest, bis ich ihren Vorschlag höre. »Du solltest ins Fitnessstudio gehen.«

»Ins Fitnessstudio. Darf ich dich daran erinnern, dass wir ein Trimmrad im Keller haben und per Wii unseres Sohnes sogar im Wohnzimmer Squash spielen können?«

»Und darf ich dich erinnern, dass du das Trimmrad zum letzten Mal benutzt hast, als du es da unten hingestellt hast? Zu Testzwecken? Das war, als wir hier eingezogen sind. Vor sechs Jahren!«

»Fünfeinhalb.«

»Ich habe dich sowieso schon angemeldet.«

»Wie, angemeldet?«

»Im Fitnessstudio. Du gehst immer dienstags und donnerstags um neunzehn Uhr hin.«

»Aber das sind doch die Tage, an denen im Fernsehen das ›Promi-Kochen‹ läuft! Das ist meine Lieblingssendung!«

»Eben. Hinterher bekomme ich dich nicht mehr vom Kühlschrank weg. Zeit, dass wir diesen Teufelskreis durchbrechen.« Sie krault mich am Kinn. »Du bist in einem kritischen Alter, Schatz. Du brauchst Bewegung. Außerdem wirst du langsam ein Dickerchen.«

»Männer brauchen ein gewisses Format«, erkläre ich so würdevoll, wie es einem Mann möglich ist, dem die Frau das Stirnhaar wuschelt.

»Sicher. Aber da mache ich mir keine Sorgen, mein Schnippi. Auch wenn dich Giovanni zweimal die Woche in die Mangel nimmt, wird genug Benjamin übrig bleiben.«

»Giovanni? Ist das nicht der Italiener in der Mühlstraße? Wo es die leckere Pasta gibt?«

»Giovanni ist mein Fitnesstrainer. Du hast ihn auf unserer Party zum Zehnjährigen kennengelernt und ständig über Tiramisu, Panna cotta und Tartufo mit ihm gesprochen.«

»Deshalb war er so ein Ignorant. Der kann wahrscheinlich nur über Klimmzüge, Laufgeschwindigkeit und Saunatemperatur philosophieren.«

»Und über Body-Mass-Index, Herzfrequenzoptimierung und Elektrolytaustausch ...«

»Schon gut, schon gut. Aber ...«

»Kein Aber, Schatz. Geh hin und du wirst sehen, wie gut es dir tut.«

Ich kam, sah und litt. Mann, was hat mich dieser Giovanni an Selbstachtung gekostet. Erst einmal sah der Knabe natürlich aus wie Adonis 2.0. Kein Wunder, dass meine Frau ihn für einen Halbgott hielt. Ich war schon dabei, mir ernsthaft Sorgen zu machen, und konnte den Stachel der Eifersucht deutlich spüren. Wie oft kam Bea hierher? Zweimal die Woche? Dreimal? Sie verbrachte deutlich mehr Zeit mit Giovanni als mit ihrer Mutter am Telefon – und das will was heißen! Mir war sofort klar: Diesen Giovanni musste ich im Auge behalten.

Was mir nicht klar war: Er hielt das für »ein Auge auf ihn werfen«. Denn Giovanni stand nicht auf Mädels. Sondern auf Kerle. »Musst du deine Knie beugen fester, Benni«, sagte er und tätschelte mich am Bein. »Fester! Fester, ja! Ja!« Meine Erfolgserlebnisse fühlten sich nach kurzer Zeit irgendwie schmutzig an. In jeder Geste, in jedem Wort spürte oder hörte ich eine versteckte Andeutung. »Jetzt du beugen dich vor, Benni. Ja, genau, will ich deine hübsche Popo sehen. Soooo, oh-jaaah.«

Führen wir das nicht weiter aus. Es reicht zu erwähnen, dass Beate mir glaubhaft versicherte, dass Giovanni seit Jahren mit Jochen von der Tanke zusammen sei und die beiden ein glückliches Paar seien (was meinen Blick auf Karohemd-Jochen auch stark veränderte). Giovanni wollte nichts von mir. Außer Einsatz natürlich. Und vor allem mein Geld. Das Problem war, dass ich erstens nicht regelmäßig kommen konnte (schließlich bin ich berufstätig und habe Besseres zu tun, außerdem hat auch mein Nachbar Alex einen Fernseher und guckt gerne das »Promi-Kochen«, da musste ich ihm gelegentlich Gesellschaft leisten) und dass mein Bauch zweitens auf Giovannis Therapie nicht ansprang. Was vorher wabbelte, wabbelte auch nach drei Wochen noch. »Es hat keinen Zweck, Schatz«, sagte ich. »Ich hab's versucht. Aber bei mir ist das wahrscheinlich genetisch so angelegt.«

»Quatsch«, beschied meine Holde. »Du hast dich bloß nicht genug gequält. Und Giovanni hat dir nicht genug in den Hintern getreten. Wahrscheinlich steht er auf dich.«

»Echt jetzt? Ich dachte, er ist seit Jahren mit Jochen glücklich …«

»Na und? Jeder weiß, dass die beiden eine offene Beziehung führen.«

Da war es wieder, das leicht schmutzige Gefühl. »Egal«, versuchte ich, die Gedanken an die Übungen mit Giovanni zu vertreiben. »Du siehst, ich bin nicht dafür gemacht.«

»Papperlapapp. Du schnappst dir jetzt deine Schuhe, und wir laufen.«

»Laufen? Wohin?«

»Zur Reeperbahn.«

»Zur Reeperbahn? Echt jetzt? Und was machen wir da?«

»Da drehen wir um und laufen wieder zurück.«

Gesagt, getan. Wir liefen. Das heißt: Beate lief, ich tat irgendetwas, was mehr nach Überlebenskampf aussah und den Zweck verfolgte, ihr irgendwie hinterherzukommen, was verdammt schwer war. Auf der Reeperbahn angekommen, schwirrten mir die Lichter der Gegend vor Augen wie eine optische Täuschung, und mein Herz hatte die Frequenz eines Schnellfeuergewehrs. »Können wir mal 'ne Pause machen, Schatz?«

»'ne Pause? Hier? Das würde dir so passen.«

»Aber *du* wolltest doch hierher«, keuchte ich. »Guck mal, wir könnten uns doch da drüben in das Café setzen.«

»Das ist ein Strip-Club …«

»Oh. Okay. Aber hinsetzen könnten wir uns trotzdem, oder?«

»Ich sehe schon, du hast noch eine Menge Energie!«, rief meine liebe Frau und schwang die Hufe. Ich hechelte hinterher. Wie ich wieder nach Hause kam, kann ich aus heutiger Sicht nicht mehr nachvollziehen. Welchen Weg wir liefen? Keine Ahnung. Nur dass ich die nächsten zwei Tage nicht mehr aus dem Bett kam, weil mich der Muskelkater in seinen Klauen hatte.

Sport und ich, das war noch nie die perfekte Kombination. Aber, zugegeben, seit ich die fünfzig hinter mir gelassen habe, fällt es mir noch wesentlich schwerer, die dafür nötige Überwindung aufzubringen. Na ja, sagen wir, die vierzig. Ich bin überhaupt der Ansicht, dass Sport eher etwas für ganz junge Menschen ist. Ältere sollte man mit so was nicht quälen. Und wenn, dann könnte man auch andere Sportarten erfinden, bei denen man sich zumindest altersgemäß verausgabt. Damit meine ich nicht Rollator-Wettschieben oder Zahnersatz-Weitwurf. Eher Dinge wie Sitz-Tai-Chi oder erotische Partnermassage im Untenliegen (denn auch mit Mitte sechzig kann man noch vierzig sein, aber das halt nur eine halbe Stunde am Tag – immerhin).

Aber zum Thema Erotik mehr an anderer Stelle. Meine liebe Frau fand, dass meine Karriere als Sportsmann noch längst nicht an ihr Ende gekommen sei. Also meldete sie mich im Golfclub an. Ich habe das zuerst sehr begrüßt, weil ich mir vorstellte, Golfen heißt, dass man ab und zu mal den Ball schlägt, im Übrigen aber vor allem einen netten Spaziergang im Grünen macht. Stimmt auch. Nur dass der Spaziergang eher einem Marathon gleicht. Sind Sie mal auf einem Golfplatz gewesen? Die lassen einen da Kilometer um Kilometer abreißen. Zwischendurch habe ich die Schläger als Gehstöcke benutzt. Endlich weiß ich, warum man sogar Metallklopper »Holz« nennt.

Eine ganz perfide Verarsche ist das mit dem Golf. Zweimal konnte ich den Caddy überreden, mich in seinem Golfcart mitzunehmen. Aber bald war's nur noch peinlich. Immerhin brachte mich Golf auf die Idee, Minigolf zu spielen, etwas, was unser Sohn für sein Leben gern macht. Während Beate dachte, ich sei beim Golfen, ging ich in Wirklichkeit mit unserem Jungen zum Minigolf. Da sind die Schläger leichter und die Wege kürzer. Außerdem gibt es in der Vereinsgaststätte erstklassige Schnitzel. So weit, so gut. Hätte nicht Bea irgendwann wegen der neuen Platzkarte beim Golfclub angerufen und erfahren, dass man mich dort schon seit Monaten nicht mehr gesehen hatte. Ich schwöre: Bei der Szene, die sie mir anschließend machte, habe ich mehr Kalorien verbrannt als bei sämtlichen sportlichen Versuchen der vorangegangenen fünf Jahre. Immerhin, seither lässt sie mich mit Tennis, Walking und Snowboarding in Ruhe.

Aber es geht ja nicht nur um die körperliche Fitness, sondern auch um die geistige. Da müssen wir schon was tun. Obwohl ...

Teste dein wahres Alter

Neulich saß ich auf dem Sofa und habe in einer Frauenzeitschrift geblättert. Ich hatte mich festgelesen an einem Beitrag zum Thema: »Meine Tochter ist siebzehn – was nun?«

Ja, ich gebe es zu, manchmal bedrückt es mich, dass ich keine zwanzig mehr bin. Auch wenn Chris Roberts singt: »Du kannst nicht immer siebzehn sein.« Echt jetzt? Wie ist er nur auf diese Jahrhunderterkenntnis gekommen? Aber mal im Ernst: Wer kennt noch Chris Roberts? Und was war der Mann angesagt! Damals. Fragen Sie heute mal einen Teenager nach Chris Roberts. Meine Tochter zum Beispiel. Die wird ihn bestenfalls für einen Fußballspieler halten, der die englische Nationalmannschaft bei der letzten WM mal wieder in der Vorrunde rausgeschossen hat. Und »Du kannst nicht immer siebzehn sein« geht bei jungen Leuten heute höchstens noch als Background-Sound fürs Komasaufen. Okay, so gesehen bin ich froh, dass meine Tochter ihn nicht kennt.

Es ändert nur nichts an den gelegentlichen launischen Eintrübungen, wenn es wieder zwickt und zwackt. Manchmal kommt dann mein Sohn, grinst mich schelmisch an und raunt mir mit verschwörerischer Miene zu: »Paps, man ist immer so alt, wie man sich fühlt.« Wenn der wüsste, wie alt ich mich in Wirklichkeit fühle … Keith Richards hat ja mal gesagt: »So alt, wie ich aussehe, kann ich gar nicht werden.« Der Mann hat mit Sicherheit recht. Ob das auch bei mir gilt, sollen bitte andere entscheiden. Aber sicher ist, dass ich den Spruch für mich adoptiert habe, mit leichter Abwandlung allerdings: »So alt, wie ich mich fühle, kann ich gar nicht werden.«

Und da fällt mir noch ein Spruch vom alten Goethe ein:
»Gerne der Zeiten gedenk ich, da alle Glieder gelenkig –
bis auf eins.

Doch die Zeiten sind vorüber, steif geworden sind alle Glieder –
bis auf eins.«

Na ja, da werde ich ja wohl noch ein paar Jahre hin haben – hoffe ich. Es gibt natürlich auch Tage, da winkt ein unverhofftes Glück mit dem Zaunpfahl und schickt eine positive Überraschung. Wie zum Beispiel neulich, als meine Frau mir ihr iPad auf den Schoß warf und sagte: »Musst du machen.«

»Hm?«

»Den Test.«

Nachdem ich meine Brille gefunden hatte, stellte ich fest: »Du meinst den Teste-dein-wahres-Alter-Test?«

»Genau den.«

»Und? Hast du schon?«

»Klar.« Der triumphierende Blick sagte alles: Natürlich hatte sie mal wieder zehn Jahre jünger abgeschnitten, als es ihrem ohnehin unverschämt jungen Lebensalter entsprach. »Ach, komm«, sagte ich. »Das ist doch Blödsinn. Wahrscheinlich wollen sie sowieso bloß wieder meine E-Mail-Adresse, damit sie mir hinterher Spam für Penisverlängerungen oder Mafia-Casino schicken können.«

»Muss ich mir Sorgen machen?«

»Wie? Ach Quatsch. Aber bitte, wer denkt sich solche blöden Tests aus? Das hat sich doch bestimmt bloß die Klofrau vom Vier Jahreszeiten in der Kaffeepause überlegt.«

»Hört sich an, als hättest du Schiss.«

Okay, es gibt natürlich Argumente, die sind nicht zu widerlegen. Das war eines. Ich machte also den Test. Neben Fragen wie »Sind Sie ein Mensch mit Prinzipien? – ja/nein/weder noch« oder »Haben Sie einen hohen Toleranz-Level? – ja/nein/weder noch« wurden auch Dinge gefragt wie »Es ärgert mich, wenn ich morgens früh aufstehen muss – ja/nein/weder noch« (aber hallo!) und »Ich handle stets, bevor ich denke – ja/nein/weder noch« (hä?). Also purer Blödsinn. Der Test war in ziemlich exakt zwei Minuten gemacht.

Dann machte ihn unsere Tochter, vierzehn. Und unser Sohn, neun. »Und?«, fragte ich in die Runde. Unser Junge wurde glatt zehn Zentimeter größer, als er verkündete: »Dreiundzwanzig!«

»Da siehst du, was man von diesen bekloppten Tests halten kann«, erklärte ich Beate und legte feierlich die Hände in den Schoß. Sie aber wollte es natürlich ganz genau wissen. »Und?«, fragte sie unsere Tochter. »Wie alt bist *du* in Wirklichkeit?«

Dass unsere Tochter zu einer gewissen Frühreife neigt, war mir nicht unbekannt. Aber als sie »Dreiundzwanzig!« verkündete, fing ich doch an, mir leise Sorgen zu machen. Bis mir der Gedanke durch den Kopf schoss: »Bei dem Test kommt immer dreiundzwanzig raus! Das ist der Witz.«

»Blödsinn«, beschied Beate und stellte klar: »Ich bin laut Test neunundzwanzig Jahre alt.« Und als hätte ich es nicht kapiert, fügte sie hinzu: »Also unter dreißig!« Sie beugte sich vor und sah mir tief in die Augen. »Und du, mein süßer altmodischer Schnippibär? Wie alt bist *du* wirklich?«

Es wäre gelogen, würde ich nicht gestehen, dass auch ich ein paar Zentimeterchen an Länge zunahm, als ich feierlich kundtat: »Dreiundzwanzig, mein Engel.« Und weil sie es vielleicht nicht genau verstanden hatte, wiederholte ich (ja, ich geb's zu: genüsslich): »Dreiundzwanzig.« Ich strubbelte meinem Sohnemann das Haar, zwinkerte ihm zu und stellte klar: »Man ist eben immer so alt, wie man sich fühlt.«

Unsere Tochter aber drehte sich um und stapfte aus dem Zimmer. »Ist echt'n Scheißtest. Wie kann man nur an so was glauben.« Der Sohn hinterher: »Hihihi, Paps ist genauso alt wie wir. Was für 'ne Kacke.« Und Beate war irgendwohin verschwunden, ohne ein Wort zu sagen. Tja, manchmal fühlt man sich dann doch verdammt alt.

Alles eine Frage der Relation

Es ist ja kein Geheimnis, dass zwischen meiner Frau und mir ein gewisser Altersunterschied besteht. Ein beträchtlicher, wenn ich ehrlich bin. Darüber ist viel geschrieben worden – nicht zuletzt von mir. Gut möglich, dass ich damit auch etwas verarbeiten wollte. Immerhin hat mich das lange umgetrieben. Es ist ja nicht so, dass man als Mann leichtfertig eine Familie mit einer viel jüngeren Frau gründet. Schließlich will man dieser Familie möglichst lange erhalten bleiben, will für sie da sein, die Kinder aufwachsen sehen und nicht allen als Greis zur Last fallen, weil man ohne Hilfe nicht mehr aus dem Fernsehsessel hochkommt. Oder vom Klo.

Immerhin hat mir meine Frau versichert, dass sie schon ganz gut selbst einschätzen kann, was sie da tut, dass sie selbst für ihr Leben und ihre Entscheidungen verantwortlich ist, dass sie lieber ein paar Jahre weniger mit mir verbringen möchte, als gar nicht mit mir zu leben, ja, dass es aufs Alter in der Liebe einfach nicht ankommt.

Diese Erkenntnis hat in meinem Leben ein Licht angeknipst: Älterwerden bedeutet nicht, dass alles aufhört, dass man nicht mehr gefragt ist, dass man »weniger wert« wird. Nicht für die Menschen, auf die es wirklich ankommt. Seither leuchten meine Tage immer ein bisschen mehr als vorher, und ich liebe meine Frau noch ein bisschen inniger (sofern das überhaupt möglich ist).

Besonders hell geleuchtet hat mein Glücksstern aber auch, das gebe ich zu (aber nur ganz unter uns), als ich meinen Sohn und meine Frau vor vielen Jahren an einem schönen Sonntagnachmittag im Garten sitzen und ein Buch lesen sah. Es ging dabei irgendwie darum, was der Kinderbuchheld mal werden will, wenn er groß ist. Meine Frau: »Und, weißt du auch schon, was du mal werden willst?«

»Ja, ein Ommibusfahrer!«

»Du meinst ein Omnibusfahrer. Oder was noch?«

»Dann will ich so alt werden wie du, Mama.«

Meine Frau lacht. »Ach, du süßer Schnuppi-dido! So alt wie ich? Wie alt bin ich denn?«

»Gaaaanz doll alt, Mama. So alt wie niemand sonst auf der Welt!« Und er gibt ihr einen Kuss, während mein Herz einen klitzekleinen Hüpfer tut. Ist es nicht entzückend, womit Kinder ihren Eltern Freude machen wollen?

»Siehst du, Schatz«, sage ich, der ich unauffällig hinter die beiden geschlichen bin. »Du bist offenbar ein ganz besonderer Jahrgang.« Es fällt mir schwer, ein Grinsen zu unterdrücken.

Meine Frau sieht gar nicht so amüsiert aus. Dabei könnte sie wirklich glücklich sein, dass sie noch so jung ist. Jedenfalls aus meiner Perspektive. Aber natürlich lässt sich auch nicht leugnen, dass sie viel schneller altert als ich. Als wir heirateten, war sie dreiundzwanzig, ich war zweiundfünfzig. Das heißt, ich war mehr als doppelt so alt wie sie oder: Sie war mehr als 56 Prozent jünger! Inzwischen ist sie neununddreißig, ich bin achtundsechzig. Das heißt, sie ist nur noch um 43 Prozent jünger. In zehn Jahren werden es nur noch 37 Prozent sein oder so. Sprich: Der Abstand schmilzt. Vermutlich ist sie irgendwann wesentlich älter als ich. Mir soll's recht sein. Unser Sohnemann jedenfalls hat noch keine Vorstellung davon, wie alt man überhaupt werden kann. Für den sieht jeder Erwachsene jenseits der zwanzig schon aus wie Methusalem. Oder eben Methusalems Frau.

Erinnern Sie sich noch? Früher war es ja so, dass praktisch jede Frau ab fünfzig Jahren nur noch graue oder braune Röcke und blickdichte Strümpfe trug. Ist es nicht wunderbar, dass sich das alles dramatisch verändert hat?

Die Alten sind bunt geworden, sie fahren flotte Autos, spielen im Stadtpark Boule und kämpfen im Urlaub mit den Jungen um die besten Plätze am Pool. Ehrlich gesagt: ein unfairer Kampf. Was natürlich auch daran liegt, dass wir Senioren aufgrund der senilen Bettflucht bereits im Morgengrauen Liegen mit Handtüchern reservieren. Vielleicht einer der wenigen Vorteile, die uns noch bleiben.

So soll es sein: Ein Hoch auf die neue Lebensfreude und darauf, dass man sie auch zeigt!

Hoch die Tassen!

Ein Klassiker für Menschen jenseits der Lebensmitte ist ja die sogenannte Kaffeefahrt. Kann man mit dem Bus machen oder auch mit der Fähre: Ältere Menschen finden sich zusammen, um einen Ausflug zu unternehmen, und zwar für sehr kleines Geld. Weil es aber im Leben bekanntlich nichts umsonst gibt, spekulieren die Veranstalter darauf, dass sie den Greisen auf Reisen auf andere Weise möglichst großes Geld aus der Tasche ziehen.

Lange habe ich mich gefragt, wer so doof sein kann, an einer Kaffeefahrt teilzunehmen. Bis meine Schwiegermutter eines Tages nebenbei bemerkte, dass sie ja demnächst einen Ausflug nach Helgoland machen würde und ob meine Frau sie nicht begleiten möchte. Nun muss man wissen, dass Ausflüge nicht unbedingt das Ding meiner Frau sind. Und Helgoland ist auch nicht ihr bevorzugtes Reiseziel. Trotzdem riet ich ihr zu, weil ich fand, dass sie auch mal was mit ihrer Mutter unternehmen sollte. Ich meine, wer weiß schon, was kommt: Vielleicht geht Helgoland unter und meine Schwiegermutter könnte dann Jahrzehnte durch sämtliche Talkshows tingeln und davon berichten. Gesetzt der Fall, sie geht nicht *mit* unter.

Was ich nicht wusste, war, dass es um eine Kaffeefahrt ging. Sonst hätte ich sowieso abgeraten. Vor allem hätte ich meine Frau durchschaut! Denn wenn sie eines ist, dann clever. Und sie hat einen sehr eigenen Sinn für Humor, bevorzugt, wenn er auf meine Kosten geht. Als nämlich der Termin für den »Ausflug« näher rückte, litt mein Schatz plötzlich unter Kopfschmerzen. »Mir geht's nicht gut. Aber ich habe doch Mama versprochen, dass ich mit ihr da nach Helgoland fahre.«

»Könnt ihr das denn nicht verschieben? Sie hat bestimmt Verständnis.«

»Ach, du kennst doch Mama. Sie beklagt sich nicht. Aber sie leidet trotzdem. Schließlich hat sie doch schon zwei Tickets gekauft.«

Tickets. Das ist für mich eigentlich ein sehr positiv besetztes Wort. Tickets gibt es für den Flieger und für das Musical (für die Bahn gibt es Fahrscheine, fürs Museum Eintrittskarten). Zwei Tickets also, schon bezahlt, und eine Schwiegermutter, die sich seit Wochen darauf freut. Ich seufze also und sage: »Weißt du was, Liebling, dann springe ich für dich ein. Ich fahre mit ihr.«

»Wirklich?« Große Augen. »Das würdest du tun?«

»Aber natürlich, mein Engel.«

»Ach, Schatz, du bist wirklich der Allerallerbeste.« Küsschen. Klitzekleines Küsschen und husch ins Badezimmer. Sieht gar nicht nach Kopfschmerzen aus.

Wie sich am Hafen herausstellte, war es eine ziemlich abgetakelte Schaluppe, die uns auf die einzige deutsche Hochseeinsel schippern würde, und wie sich an Bord herausstellte, gab es ein »Team«, das uns betreute. »Betreutes Reisen?«, fragte ich meine Schwiegermutter irritiert, die mit angehaltenem Atem und roten Wangen aufrecht neben mir Platz genommen hatte und dem Reiseleiter lauschte. »Wir begrüßen Sie sehr herzlich an Bord der MS Gerania«, sagte der. Gerania oder Germania, fragte ich mich. Gerania klang ja wirklich wie …

Was dann kam, möchte ich gar nicht im Detail beschreiben. Nur so viel: Mit Kaffee hatte es nicht viel zu tun. Als ich am Abend wieder nach Hause kam, war meine Frau noch unterwegs (ihre Kopfschmerzen waren wie durch ein Wunder verschwunden, und sie hatte sich mit zwei Freundinnen und einigen Caipirinhas im Hotel East verabredet). Deshalb konnte ich ihr auch meine neue Heizdecke nicht zeigen, die ich mir gekauft hatte, nachdem ich mir an den Helgoländer Klippen die Zehen abgefroren hatte. Und auch nicht den Nasenhaartrimmer, die Duschmatte oder die neue Geldbörse im Krokodesign (die im Vergleich zum Vorgängermodell viel flacher war, was aber vielleicht gar nicht nur am Schnitt lag, sondern an der Tatsache, dass ich alles Geld bereits ausgegeben hatte). Mit gemischten Gefühlen legte ich ihr die Kette mit Korallenanhänger aus Sterling-Silber auf den Nachttisch und fiel ins Bett, wo ich mich schon bald fröstelnd hin und her warf. Ich hatte mir offenbar auf der Reise was eingefangen – und es lag vermutlich nicht an den Küsschen, mit denen mich die neugewonnenen Freundinnen meiner Schwiegermutter am Ende der Fahrt bedrängt hatten (»In Natur sehen Sie viel schlanker aus als im Fernsehen!« – »Ja wirklich, Sie sind ja gar nicht so fett.« – »Und dieses Toupet steht Ihnen wunderbar.« – »Das ist kein Toupet, das sind meine Haare.« – »Ach, ist er nicht entzückend. Und auch so witzig. Glaubt man gar nicht, wenn man ihn so sieht«). Zum Glück hatte ich die Heizdecke. Ich schaltete sie ein, kuschelte mich darunter und wartete, bis sie warm wurde. Wurde sie auch. Wenn auch nur kurz. Dann wurde sie heiß, und zwar so heiß, dass ich sie schnell wieder ausschalten musste. Oder vielmehr: wollte. Denn leider war der Schalter defekt. Ich musste also den Stecker wieder ziehen, gerade noch rechtzeitig übrigens, denn im nächsten Augenblick gab es einen Kurzschluss, und ich saß im Dunkeln. Zum Glück hatte ich mir an Bord auch einen Schlüsselanhänger mit eingebauter Taschenlampe gekauft, den ich jetzt aus den Tiefen meiner Taschen wühlte. Die Lampe flackerte auf und flackerte auch wieder aus. Nach zwei weiteren Stunden, in denen ich mir den Kopf an der Stehlampe stieß, auf dem Klo danebenzielte (nachdem ich zweimal bei dem Versuch, mich zu setzen, mit dem Hintern auf den kalten Bodenfliesen gelandet war), in der Pfütze ausrutschte und mir beim Versuch, eine neue Sicherung reinzudrehen, einen Stromschlag holte, saß ich schließlich frierend, einsam und verlassen im trüben Schein einer schlichten Haushaltskerze in der Küche.

»Hallo, Schatz!« Ich registrierte Chanel und Caipi. »Du hast extra auf mich gewartet?«

»Ich dachte gar nicht, dass du weg bist«, erwiderte ich.

Offenbar hörte sie den anklagenden Unterton nicht. Stattdessen lobte sie: »Und trotzdem hast du ganz romantisch eine Kerze angezündet. Das finde ich ja sooo süß.« Sie setzte sich auf meinen Schoß. »Und was hast du so gemacht?«

»Ich habe deine Mutter auf einer Kaffeefahrt begleitet«, sagte ich so kühl wie möglich.

»Ach ja! Du Held!« Mit neckischer Geste fuhr sie mir über die Stirn. »Aber du glühst ja!«, rief sie erschrocken. »Du hast Fieber, Schatz. Schnell ins Bett.« Sie zog mich vom Stuhl hoch und schob mich ins Schlafzimmer. »Puh, ist es hier finster.« Knipste an der Nachttischlampe herum. »Kein Wunder, der Strom ist weg. Komm, leg dich hin, ich kümmere mich darum.« Zwei, drei geübte mütterliche Handgriffe später lag ich gut verpackt unter der Decke. Kurz darauf gingen im ganzen Haus wieder die Lampen an, die Heizdecke landete auf dem Müll (»Was für eine scheußliche Schabracke! Wie konntest du dich darauf einlassen? Hat Mama etwa auch so ein Ding gekauft?«), und meine Frau stand im Nachthemd neben dem Bett, das Fieberthermometer in der einen, eine Packung Aspirin in der anderen Hand. Nachdem ich vollständig versorgt war, schlüpfte sie auf ihrer Seite unter die Decke und streckte die Hand aus, um das Licht zu löschen.

»Ahhh!«, schrie sie und setzte sich auf. »Benni? Da ist ein Tier.«

»Ein Tier?«

»Auf meinem Nachttisch.«

»Oh«, sagte ich schläfrig. »Lebt aber nicht mehr.«

»Wie?«

»Ist eine Koralle. Vermutlich aus der Nordsee. Für dich von der Kaffeefahrt.«

Ich konnte hören, wie sie mit sich rang, ob sie mir das Ding um die Ohren hauen, es in den Müll werfen oder die Scheidung einreichen sollte. Einerseits. Oder ob sie Mitleid haben, Begeisterung heucheln und das Ding irgendwie wegpacken sollte. Andererseits. Schließlich beugte sie sich zu mir, küsste mich und flüsterte: »Danke, dass du das gemacht hast, Schatz.«

Manchmal ist es doch ganz schön, wenn man älter wird. Die anderen blicken mit mehr Milde auf einen.

Dritte Sitzung, Freitag, der 27.

Ein Blick und sie hat die ganze Tragik voll erfasst. »So schlimm?«, sagt Frau Doktor Faust statt einer Begrüßung.

»Schlimmer«, sage ich.

Sie setzt sich betont ruhig hin, faltet ihre gepflegten Hände auf den übergeschlagenen Beinen, zielt mit der Spitze ihrer Pumps auf meine Nase und lächelt. »Vermutlich ist es am Ende doch nur halb so schlimm.«

»Da bin ich mal gespannt.« Sie mochte ja clever sein. Aber gegen manches kann auch die stärkste Seelenmassage nichts ausrichten.

»Was ist also passiert?«

»Noch nichts.«

»Aha. Sie erwarten demnach Ungemach?«

»Gutes Wort. Und so treffend.« Es fällt mir schwer, ihre Schuhspitze nicht mit meinen Blicken zu fixieren. Zum Glück lenken mich ihre Beine etwas ab.

»Lassen Sie mich raten: Es graut Ihnen vor Weihnachten und allem, was damit verbunden ist.«

»Da haben Sie aber verdammt recht, Frau Doktor. Dieser ganze Advent und alles, was damit verbunden ist, war ja schon immer grausig für mich. Aber ich finde, es wird jedes Jahr noch schlimmer.«

»Wird es das nicht für alle?«

»Wie bitte?«

»Na ja«, erklärt sie und beugt sich vor. »Es ist doch so: Die stille Zeit wird für uns alle immer hektischer und lauter. Weihnachtsfeiern, Geschenke kaufen, Karten schreiben, nebenher noch allen möglichen Kram erledigen, der im nächsten Jahr nicht mehr auf dem Schreibtisch liegen oder sonst irgendwie auf der Seele lasten soll ... Jeder will noch was von einem, an jeden soll man denken. Das Ganze als Fest der Freude, der Liebe – verpackt als ›stille Zeit‹, obwohl man vor lauter Hektik kaum noch zum Atmen kommt. Zum Singen schon gar nicht. Und in die Kirche geht man auch nur noch wegen der Kinder. Und dann auch noch der ganze Familientrubel mit all den Leuten, die man eigentlich gar nicht sehen wollte ...«

»Wow. Sie haben das gut beschrieben. Genauso geht's mir.«

»Sag ich doch. Wie uns allen.«

Vielleicht hatte sie ja recht. Und doch: »Es fällt mir aber auch ganz persönlich immer schwerer. Wie soll ich es sagen, früher hat man sich auf Weihnachten gefreut, hegte große Erwartungen. Man hatte sich mit den Verwandten und dem Partner abgesprochen, nichts oder nur eine Kleinigkeit zu schenken. Alles war organisiert. Selbst der Baum sollte nicht größer als zwanzig Zentimeter sein. Statt Gans sollte es Würstchen geben. Toll. Ich meine, das war doch eine ehrliche Sache, oder? Da gab es so ein unausgesprochenes Einvernehmen: Lasst uns keine große Sache draus machen, ist doch sowieso nur Folklore. Hauptsache, die Kinder haben ihren Spaß. Und überhaupt, Weihnachten ist doch das Fest der Liebe und nicht das Fest des Konsumirrsinns und des Dekowahnsinns.

Das war früher alles nett und überschaubar. Bis dann eines Tages der ganze Trubel losging. Das ganze Brimborium ... Plötzlich haben sich alle ganz doll lieb. Irgendwelche riesigen Pakete werden angeschleppt. Von klein oder bescheiden ist, zumindest optisch, keine Rede mehr. In der Garage liegt ein Weihnachtsbaum, der gefühlt nur in eine Kathedrale passen würde. Neuerdings wünscht sich meine Frau sogar Truthahn zu Weihnachten. Truthahn? Wo leben wir denn? Ich meine, mit Putenwurst könnte ich mich ja zur Not noch anfreunden ...«

»Na gut. Wer hindert Sie daran, sich an Ihre Verabredungen zu halten? Ich schlage vor, Sie finden erst einmal heraus, was Sie an Weihnachten wirklich nervt. Ist es die Familie? Sind es die äußeren Umstände? Ich vermute, es ist Letzteres. Denn mit der Familie schlagen Sie sich ja sonst auch das ganze Jahr herum.«

»Ja, aber meine Familie liebe ich. Und die habe ich mir ausgesucht. Aber auch die drehen an Weihnachten komplett durch.«

»Okay«, sie wedelt meinen Einwand mit ihren eleganten Fingernägeln beiseite. »Das ist nur ein qualitativer Aspekt, der tut hier nichts zur Sache.«

Aha, denke ich mir, die Frau ist offensichtlich nicht verheiratet. »Und was soll ich jetzt Ihrer Meinung nach tun?«

»Betrachten Sie Ihr Familienleben. Dann wissen Sie, ob es den Frust wert ist. Wenn die Familie passt, dann sollten Sie sich über den Rest keinen Kopf machen. Die anderen werden auch mal ohne Geschenke auskommen. In die Kirche sollten Sie nur gehen, wenn Sie es ehrlich meinen. Die Weihnachtsfeiern dürfen Sie schwänzen. Und singen können Sie sowieso nicht.«

»Woher wissen Sie …?«

»Geraten.« Erkenne ich ein leises Schmunzeln in ihren Augen?

»Also mache ich was?«

»Sie machen einfach, was Sie immer machen – und feiern Weihnachten ganz unbeschwert.«

»Und wenn meine Frau sich nicht an unsere Verabredung hält und mir eine goldene Uhr schenkt, ich ihr aber nur eine Duftkerze?«

»Darüber denken Sie nach, wenn es so weit ist.«

So kann nur jemand reden, der die Konsequenzen enttäuschter Ehefrauen, Schwiegermütter oder sonstiger Familienangehöriger nicht kennt oder furchtlos ist, denke ich mir, als ich frustriert die Praxis verlasse. Zum ersten Mal, ohne eine Antwort erhalten zu haben.

Übung 3: In was für einer Familie lebe ich da eigentlich?

Sitzpinkler

Es war einer dieser kalten Dezembertage, kurz vor meinem meistgehassten Familienfest namens Weihnachten, als ich auf der Toilette saß und nach einer Illustrierten griff. Seit meinem runden Geburtstag (der nun auch schon wieder einige gefühlte Dekaden her ist) schätze ich beheizte und wohnliche Badezimmer. Immerhin verbringt man dort nahezu so viel Zeit wie im Bett, was natürlich auch mit der senilen Bettflucht zu tun haben mag. Man wird freiwillig zum »Sitzpinkler«, denn wer kann schon so lange stehen? Ich kann mich noch gut an meine jugendlichen Pinkelwettbewerbe in der Grundschule erinnern. Wer es am weitesten schaffte, durfte sich das leckerste Pausenbrot aller Teilnehmer greifen (wie appetitlich ein solcher Pausenbrot-Pinkel-Contest ist, das wollen wir hier lieber mal nicht vertiefen). Häufig war ich der Sieger: Bestmarke Zweimeterfünfunddreißig! Machen Sie das mal nach! Nun gut, aber das ist eben schon lange her ... Heute bin ich froh, dass ich »nur« Schuhgröße 44 habe. Bei Größe 46 würde wohl mein Schuhwerk in Mitleidenschaft gezogen. Vom Strahl zum Tropfen ... was für eine Karriere.

Zweimeterfünfunddreißig! Fred aus der Vierten hatte das nachgemessen. Er galt als unbestechlich, weil ... Wieso kann ich mich an solche Dinge erinnern, die nun immerhin schon fast sechzig Jahre her sind, weiß aber nicht, ob ich heute Morgen meinen Blutdrucksenker eingenommen habe oder die Kinder von der Schule abholen soll? Klar, im Alter lässt das Gedächtnis nach und das Langzeit-Erinnerungsvermögen tröstet einen darüber hinweg. Was für ein Blödsinn! Was nützt mir die Tatsache, dass ich mich an meinen ersten Rausch vor fünfzig Jahren erinnern kann, aber nicht weiß, ob heute Montag oder Dienstag ist? Meine Frau meint dann immer nur trocken: »Ist doch egal. Für Rentner ist immer Wochenende!« Sie zwinkert mir dann allerdings zu und meint lächelnd: »Übertreib nicht, so schlimm ist es nun wirklich nicht. Ach ja, holst du die Kinder von der Schule?«

Zurück zu meiner Lektüre. Ich schlage die erste Seite auf, und eine der Schlagzeilen springt mir förmlich ins Gesicht: »Sind Sie über 50? Dann gehen Sie zur Darmvorsorge, bevor es zu spät ist!« Darunter in riesiger Schrift: »Und was ist mit Ihrer Prostata? Auch die kann Sie Ihr Leben kosten!«

Na toll, nach Weihnachten werde ich mich wohl beim Arzt für die verschiedenen Untersuchungen anmelden müssen. Wenn ich es nicht vergesse.

Das Leben hat mich gelehrt, logisch und rational zu denken. Okay, zumindest finden beide Untersuchungen durch die gleiche Körperöffnung statt, was wiederum ein kleiner Vorteil wäre. Täglich wird mir immer klarer, dass der Mensch nicht dazu geschaffen ist, älter als fünfzig zu werden. Kürzlich hatte ich bei meinem Orthopäden einen Termin, und er stellte mir die übliche Frage: »Und? Geht es Ihrem Rücken besser?« Als ich verneinte, meinte er nur süffisant, dass ihn das nicht wundern würde, denn was würde in meinem Alter schon besser werden?

Kamasutra mit der Lehrerin

Kinder zu haben bedeutet bekanntlich auch, immer wieder mit Geschenken überhäuft zu werden, die man schön finden und sehr bejubeln muss. Das ist entzückend, wenn man zu Weihnachten selbst gebastelte Strohsterne für den Christbaum bekommt, an Ostern einen hübsch dekorierten Palmkätzchenzweig oder das *fünfzehntausenddreihundertsiebenundvierzigste* Selbstporträt des Nachwuchses in einer Mischtechnik aus Wachsmal, Aquarell und Rasierschaum (wobei ein Drittel des Kunstwerks auf dem neuen Teppich gelandet ist und mein Lieblingsschlips als »Schnur zum Aufhängen« festgetackert wurde).

Je älter man wird, desto uncharmanter können die Geschenke allerdings auch werden, denn Kinder neigen zu einer leider arg unverstellten Art, die Wahrheit auszudrücken. Und damit meine ich jetzt nicht den Umstand, dass ich meinem Schwiegervater zum Geburtstag einen flotten Rollator geschenkt habe. Mit allem Schnickschnack. Außenspiegel, Dreiklangfanfare, Kilometeranzeige, und hinten hatte ich einen Sticker aufgeklebt mit der Aufschrift: »Ich bremse auch für Tiere!« Obwohl, wenn ich gerade so darüber nachdenke, war's vielleicht doch nicht so nett, wie ich dachte, und ich habe seinen Gesichtsausdruck zu Unrecht auf sein Sodbrennen geschoben.

Es geht mehr um die kleinen Dinge. Zum Beispiel um eine Adventsbastelei. Mein Sohn hat mich letztes Jahr mit einem papiernen Gebilde überrascht, das ich zunächst für einen Löffel mit Loch gehalten habe, dann für einen Schlips für meine Nachttischlampe und schließlich für – aber lassen wir das: Es sollte eine Lupe sein.

Bekommen habe ich das gute Ding allerdings nicht von ihm, sondern von seiner Lehrerin, die mich zu diesem Zweck in die Schule bestellt hatte. Ihre sorgenvolle Miene besagte nichts Gutes. Es dauerte aber einige Zeit, bis mir klar wurde, dass dieser missbilligende Gesichtsausdruck nichts mit unserem Sohn zu tun hatte, sondern mit mir, oder vielmehr: mit einem höchst peinlichen Missverständnis. Mit hochgezogener Augenbraue und pikiert gespitztem Mund legte sie mir die Arbeit vor. »Das ...« Sie betonte das Wort, als wäre es eine Ungeheuerlichkeit. »*Das* hat Ihr Sohn für Sie gemacht, Herr (dieses Wort betonte sie auch) Richter.«

»Aha«, stellte ich fest. »Aha, Frau Charles-Wenzel« (Sie legt Wert auf die französische Aussprache ihres Namens.) Ich räusperte mich. »Schön.«

»Schön, ja? Wissen Sie auch, was es ist?«

»Tja, also, ich denke ... ähm ...« Das Gemeine ist ja, dass man als Vater immer gleich richtig raten soll, sonst gilt man als jemand, der sein Kind nicht kennt oder sich zumindest nicht dafür interessiert. »Eine ... ein Löffel mit Loch ... ähm, oder nein! Ein, ähm ... ein Schlips für ...«

»Eine Lupe für Ihr Kamasutra«, sagte sie frostig. So frostig, dass mir das spontane Lachen im Hals stecken blieb.

»Ein Löffel für mein was?«

»Ihr Kamasutra«, sagte sie mit einem Ernst, als ginge es um die endgültige Verstoßung aus dem Paradies. »Das Sie so gerne machen.«

Zugegeben, es fiel mir in dem Moment nicht leicht, mein Grinsen zu unterdrücken. »Wie um alles in der Welt kommen Sie denn darauf, Frau Charles-Wenzel?«

»Ihr Sohn hat es mir gesagt.«

»Also, ich weiß nicht, was ich sagen soll ...«

»Aber ich weiß es, Herr Richter. Sie sollten vor Ihren Kindern nicht über solche Dinge sprechen.«

»Über Löff... ich meine Lupen?«

»Über Kamasutra.«

Auch wenn man ja in Zeiten von YouTube und anderen Internetforen schon als Bildungsbürger gelten muss, wenn man sich für das Kamasutra interessiert, kann ich schwören, dass ich vor meinem Sohn niemals über das Kamasutra gesprochen habe. Wir haben auch keines zu Hause und ... »Hören Sie, Frau Charles-Wenzel, das ist sicher ein Missverständnis.« Lachend zuckte ich die Schultern. »Was sollte denn auch eine Lupe mit dem Kamasutra zu tun haben?«

»Das möchte ich lieber gar nicht wissen, Herr Richter. Wenn Sie sich nur an die Regeln halten.«

»Die Regeln?«

»Sie verstehen sehr gut, was ich meine.« Das Gespräch war dann sehr schnell beendet, und ich ging – das seltsame Artefakt in meiner Brieftasche – meiner Wege.

Zu Hause klärte sich die Sache tatsächlich rasch auf: »Sag mal, was hast du mir denn da Schönes gemacht, Sohnemann?«, fragte ich ganz beiläufig beim Abendbrot. »Eine Lupe?«

»Ja!«, rief unser Sohn. »Die ist für deine Kreuzworträtsel.«

»Oh«, erwiderte ich verwirrt. »Für meine Kreuzworträtsel.« Ich mache nie Kreuzworträtsel. Meine Großmutter hat immer Kreuzworträtsel gemacht. Wenn ich an sie denke und mir vorstelle, dass ich jetzt selbst welche machen würde, werde ich depressiv. Kreuzworträtsel heißt für mich Oma, und Oma heißt für mich alt. Also: keine Kreuzworträtsel. »Aber ich mache nie Kreuzworträtsel.«

»Doch. Erst neulich hast du mich vom Flughafen angerufen. Ich hab dich gefragt, was du gerade machst, und du hast gesagt, du wartest auf deinen Flieger und machst Kamasutra.«

»Du meinst Sudoku.«

»Oder so.«

»Alles klar. Und die Lupe hast du für mich gemacht, weil …«

»Weil du immer sagst, du kannst so kleine Dinge nicht mehr so gut sehen.«

»Oh, danke. Ich freue mich wirklich sehr«, log ich. Was für ein Geschenk: Da macht man Sudoku, um geistig jung zu bleiben – und dann muss man sich mit einer Lupe daran erinnern lassen, dass man ohne doppelte Sehhilfe schon nicht mehr weiß, wie rum man die Zeitung halten muss. Na, wenigstens musste Frau Charles-Wenzel, die alte Zicke, mal das Wort Kamasutra in den Mund nehmen. Vielleicht hat es ihr sogar Spaß gemacht und ihre längst vergessenen Sehnsüchte in Erinnerung gerufen.

Oversexed and underfucked?

Neulich lag auf dem Nachttisch meiner Frau ein bekanntes Frauenmagazin, das den Leser auf der Titelseite fragte: »Ihr Sex-IQ? – Sofort testen!« Ich wusste nicht mal, dass es einen Sex-IQ gibt, geschweige denn, dass ich selber einen haben könnte. Aber die Ankündigung machte mich natürlich sehr neugierig. Da steckte doch eine doppelte Verheißung drin: Erstens ging irgendjemand davon aus, ich als Leser könnte intelligent sein, zweitens ging es um Sex, und wer wäre da nicht neugierig. Obwohl …

In jüngster Zeit kommt ja das Thema »Sex im Alter« immer häufiger in der Öffentlichkeit vor. Dabei gibt es zunächst einmal das Erstaunen: Aha, es gibt scheinbar Sex im Alter! Versehen mit einer Reihe fetter Fragezeichen und in jedem Fall irgendwie mit dem Unterton: *Das muss dir jetzt gar nicht peinlich sein.* Weshalb es einem natürlich sofort peinlich ist. Kinofilme werden zu dem Thema gedreht und in den Feuilletons rauf und runter besprochen, Fernsehdokus, »Bild«, »Bunte« und »BamS« schreiben darüber, die »Brigitte« und vermutlich auch die »Bravo« (»Voll krass! Deine Eltern treiben's immer noch! Wie kriegen die das hin?«).

Ich habe mir also den IQ-Test angeguckt und bin dabei auf erstaunliche Fragen gestoßen, die ich mir nie gestellt hätte, – und auf noch viel erstaunlichere Antworten. Zum Beispiel: »Welcher dieser Begriffe steht für eine erotische Spielart?« Mögliche Antwort: »a) Der tanzende Teekessel.« Mir war sofort klar, dass es mit meiner erotischen Intelligenz nicht weit her sein kann. Schließlich hatte ich nicht den blassesten Schimmer, was man sich darunter vorstellen könnte (habe ich übrigens immer noch nicht, ich bitte aber von Zuschriften zu diesem Thema abzusehen). Oder: »An welches der folgenden Themen denken Menschen beim Sex am häufigsten?« Mögliche Antwort: »a) den nächsten Urlaub, b) Probleme mit den Kindern, c) Kochen.«

Wow. Bei mir war das bisher so, dass ich nicht so viel nachgedacht hatte. Bis zu dem Tag, als ich den blöden Test las ... Vermutlich lag es daran, dass ich allgemein kein großer Denker bin. Jetzt denke ich immer, was ich wohl denke. Und denken ist nicht wirklich gut beim Sex ... Aber lassen wir das.

Interessant fand ich die Frage: »Wer ist laut Studienergebnissen besser im Bett?« Mögliche Antworten: »a) reiche Männer, b) arme Männer, c) beide sind gleich toll.« Was, bitte schön, hat denn die Geldbörse im Bett zu suchen?, fragte ich mich. Wie wäre es mit »a) junge Männer, b) alte Männer, c) beide gleich sensationell«? Es ist ja kein großes Geheimnis, dass junge Männer im Vergleich zu älteren praktisch ständig können und wollen. Die Freude am Sex und das erotische Verlangen sind aber nicht ab fünfzig oder sechzig einfach vorbei, Menschen jenseits der Lebensmitte sind keine geschlechtslosen Wesen. Man sollte denken, dass sich diese Tatsache auch bei jungen Menschen mittlerweile herumgesprochen hat.

Als vor einiger Zeit ein berühmter Schauspieler älteren Jahrgangs in einem der prominenteren Talkshow-Sessel saß, ließ er ganz nebenher die Bemerkung fallen: »Ich schaue gerne einer schönen Frau hinterher. Da ist doch nichts dabei, oder?«

Möchte man meinen. Aber als er das sagte, saß ich zufällig in etwas größerer Runde vor dem Fernseher, und wie aus einem Mund riefen alle anwesenden Frauen, jung und alt: »Iiiih! So ein alter Sack!«

Es ist das Drama des alten Mannes, dass er das Leben nicht genießen dürfen soll. Er soll sich nicht ungesund ernähren, soll nicht rauchen, trinken, völlen. Gesund soll er leben, damit er möglichst alt wird und möglichst gesund stirbt (dann wird er seinen Angehörigen nicht lästig und fällt der Gemeinschaft nicht zur Last). Aber Sex soll er bitte keinen mehr haben, und alles, was in seinem Kopf diesbezüglich vorgeht, ist ja nichts weiter als die Fantasie eines schmutzigen alten Mannes.

Ältere Männer mit jüngeren Frauen werden gerne als geile alte Böcke betrachtet. Dabei sind junge Böcke doch viel geiler, oder nicht? Warum wird dieses Tabu nicht überwunden, dass ältere Menschen noch gerne Sex haben könnten? Es scheint sehr schwer zu verstehen zu sein, dass ein Mensch mit all seinen Sehnsüchten und Bedürfnissen auch in einem gewissen Alter noch ganz der Mensch ist, der er schon in jüngeren Jahren war. Ist aber so. Denken Sie beim Sex nicht über den Urlaub nach und auch nicht über die Kinder. Schon gar nicht denken Sie bitte darüber nach, was Ihre Eltern oder Großeltern vielleicht im Bett gerade machen. Lassen Sie es sie einfach tun, ob es nun Schnarchen ist oder der tanzende Teekessel. Ich denke auch nicht gerne über das Sexleben meiner Eltern nach, aber das tun bekanntlich nicht einmal Kinder ganz junger Eltern. Über das meiner Schwiegereltern noch viel weniger. Apropos. Die letzte Frage des Tests lautete: »Was zieht häufiger eine Scheidung nach sich?« Mögliche Antworten: »a) ein Shoppingausflug, b) eine Urlaubsreise, c) ein Abendessen mit den Schwiegereltern.« Hier die richtige Antwort, mit lieben Grüßen an meine Schwiegermama: Es war nicht c!

Kleines Bier

Früher war mir das ja immer etwas peinlich. Meine Mutter hat es interessanter Weise nie gemacht, die ist eher jemand für die großen Lösungen. Aber bei Tanten hat man es öfter gesehen, und mein betretenes Schweigen würde man heute als Fremdschämen bezeichnen: Wenn im Restaurant die Frage an den Ober ging: »Haben Sie auch ein kleines Bier?« Ein kleines Bier, also bitte. Natürlich ist das kein Problem, wenn man etwa im Rheinland aufwächst und sich ein Kölsch bestellt. Das sind ja immer Winzgläser mit bierähnlichem Inhalt

(Pardon an alle Kölner). Ich habe meine Jugend aber in München verbracht. Da rechnet man in Maßen und Halben. Ein halber Liter gilt da schon als »kleines Bier«. Noch kleiner ist eher was für die Abteilung Homöopathie. Aber alte Damen neigen nun einmal zu einer gewissen Vorsicht, und man muss das respektieren. Also habe ich über die Peinlichkeit stets generös hinweggesehen und so getan, als stünde ein richtiges Bier vor der Tante. Wesentlich peinlicher wäre ja schließlich eine betagte Lady gewesen, die im Vollrausch auf den Tischen tanzt und am Ende unter den Tisch rutscht.

So weit die Beobachtungen von früher. Interessant ist, wie sich die Situation und die Perspektive mit der Zeit ändern! Sobald sich nämlich ein paar graue Haare auf dem Kopf zeigen, sieht man sich mit einer ganz anderen Form von Peinlichkeit konfrontiert: Die Kellner fragen plötzlich, ob man gerne eine »Seniorenportion« hätte!

Seniorenportion. Das Wort ist schon für sich genommen eine Frechheit. Es klingt wie »halbe Portion« und als wäre der Greis höchstpersönlich gemeint, der sich davon angesprochen fühlen soll. Aus unerfindlichen, sicher in erster Linie finanziellen Gründen wird in vielen Gaststätten versucht, Rentner über den Tisch zu ziehen. Offenbar traut man einem Menschen über sechzig nicht mehr zu, einen ordentlichen Appetit zu entwickeln. Und rechnen können die ollen Schrullen sowieso nicht mehr. Wer weiß, ob sie überhaupt noch das »Seniorenschnitzel« von der daneben liegenden Papierserviette unterscheiden können.

In München findet alljährlich das Oktoberfest statt, die »Wies'n«. Da gibt es tatsächlich Kontrolleure, die mit dem Lineal nachmessen, ob in den Bierkrügen auch wirklich der geschuldete Liter Flüssigkeit enthalten ist und ob die Portionen auf den Tellern stimmen. Wer als Wies'nwirt seine Gäste betrügt, dem wird die Lizenz entzogen.

So sollte es auch im Rest der Republik sein: Wer Senioren mit Kleinkinderportionen abspeist, der gehört selbst auf Wasser und Brot gesetzt. Es sollte schon verboten sein, dass auf der Karte »Seniorenteller« steht! Das ist Diskriminierung, nichts anderes. Wenn ich ein kleines Schnitzel will, bestelle ich mir ein kleines Schnitzel. Und wenn ich ein kleines Bier will – okay, dann bestelle ich mir in Gottes Namen ein Kölsch.

Überhaupt habe ich den Eindruck, dass immer dann, wenn »Senioren« vor irgendetwas steht, eine Mogelpackung für Doofe drin ist. Die »Seniorenportion« ist mickrig und übertewert, der »Seniorentarif« ist zwar meistens billig – aber auch lediglich, weil man ihn nur dann bekommt, wenn sowieso kein anderer an der Sache Interesse hat. Kino am Vormittag zum Beispiel oder Zugfahren in der Bummelbahn.

Das »Seniorenhandy« ist so technophob, dass man meinen könnte, alle Menschen, die nicht im 21. Jahrhundert geboren wurden, hätten als Babys per Rauchzeichen kommuniziert. Als ich so ein Ding mal in die Hände bekam, musste ich mir anschließend die Daumen schienen lassen, weil Knöpfe dran waren, auf denen die Zahlen so groß waren, dass selbst ein nahezu Blinder sie hätte bedienen können.

Auch etwas Wunderbares: »Seniorenreisen«. Wow! Hat mir mein Bruder netterweise mal eine geschenkt. Das war, als wir noch miteinander redeten. Das hat sich seither erledigt. Eine Seniorenreise nach Venedig, davon werden noch meine Urenkel erzählen, weil sie sich das so oft von mir anhören mussten.

Es ging los mit – nein, nicht einem Flug, auch nicht mit einer schicken ICE-Fahrt, sondern mit einem Reisebus, Holzklasse. Die Klimaanlage klang wie das Schnarchen der Mitreisenden, Getränke oder Snacks Fehlanzeige. Gerade mal, dass sie keine Bettpfannen gereicht haben.

Das Durchschnittsalter der Reisegesellschaft lag irgendwo zwischen Tattergreis und Heino. Die Reiseleiterin hatte ein Organ, das Tote geweckt hätte. Offenbar war die Reise von einem Hörgerätehersteller gesponsert.

Nach gefühlten zwölf Tagen Anreise kletterten wir am Busbahnhof der Lagunenstadt aus dem Gefährt, und ich schwöre, zum ersten Mal spürte ich jeden einzelnen meiner Knochen. Ich konnte meinen Hamburger Orthopäden freudig lachen hören – und der war daheimgeblieben. Zumindest half die Heizdecke etwas, die sie mir an Bord unserer Rakete angedreht hatten. Vielleicht fragen Sie sich jetzt zu Recht, warum kauft der schon wieder eine Heizdecke? Helgoland schon vergessen? Nein, es war ein Verlegenheitskauf: Es war die einzige Möglichkeit, die Reiseleiterin, die im Nebenberuf »Heizdeckenverhökerin« war, loszuwerden, ehe sie mich mit ihrem Mundgeruch endgültig ins Jenseits befördert hätte.

Venedig ist schön. Wenn man etwas mehr sieht als den Bauch eines Vaporettos. Aber aus irgendeinem Grund (zweifellos war es ein Kostengrund) hatten wir ein Gruppenticket für die Bootsfahrt, und die Gruppe sollte zusammenbleiben. »Aus versicherungstechnischen Gründen«, was so viel heißt wie: damit keiner von euch alten Knackern über Bord fällt, weil er versucht, seine dritten Zähne zu fangen, ehe sie beim Staunen ins Wasser plumpsen. Und die verfluchte Reiseleiterin schien einen Narren an mir gefressen zu haben, vermutlich, weil ich als Einziger ohne Gehhilfe aufs Klo kam.

Es regnete drei Tage, dann hieß es die Heimreise antreten. Toll. Venedig im Januar. Typisch mein Bruder. Billigtarif. Als hätte »Seniorenreise« nicht gereicht. Immerhin: Ich kann jedem eine Seniorenreise empfehlen, der sich mal so richtig jung fühlen will.

Wer nach seiner Rückkehr noch am Leben ist, wird sich trotzdem um Jahrzehnte gealtert fühlen. Dann kann ich ein »Seniorenbett« empfehlen. Glauben Sie nicht? Gucken Sie sich mal in den etwas weniger prickelnden Schlafzimmerabteilungen der großen Möbelhäuser um. Da wird ein Seniorenbett mit folgenden Worten empfohlen: *Bei Betten für Senioren, die über ein Kopfteil und ein Fußteil verfügen, fällt die Bettdecke nicht so leicht heraus. Außerdem wird einigen Menschen von einem zweiseitig begrenzten Bett ein höheres Sicherheitsgefühl ver-*

mittelt. Als würden ältere Menschen ständig aus dem Bett fallen. Wobei mich das nachdenklich stimmt. Kann das der Grund sein, warum Betten für Senioren so viel höher sind? Nach dem Motto: »Wer aus diesem Bett stürzt, braucht sich um seine Zukunft keine Sorgen mehr zu machen.« Abgesehen davon herrscht in Seniorenheimen sowieso Überbelegung. Und da ist man dankbar über jeden frei werdenden Platz.

Wo es früher um Design ging, geht es heute um allergenarme Matratzen und rückgratgerechte Nachtlagerung. Natürlich ist so etwas für jeden empfehlenswert. Aber mal ehrlich: Wer sich im Bett öfter mal etwas bewegt und seinen Körper in Schwung hält, der braucht doch gar keine Gesundheitsmatratze.

Die Betten in der Seniorenabteilung sehen alle schon so aus, als wollten sie einem mitteilen: Da du ja nun längst keinen Sex mehr hast, du alter Knacker, leg dir gefälligst was zu, was deinen Körper wenigstens halbwegs in Form hält. Und ich schwöre: Jedes einzelne dieser Betten ist der Tod des Eros. Schon allein deswegen, weil die Dinger so hoch sind, dass kein Mensch, der noch einen Funken Verstand hat, auf ihnen etwas anderes tun würde, als kerzengerade dazuliegen und sich möglichst nicht zu rühren. Der Sturz beim Liebesspiel wäre zweifellos tödlich. Da geht es abwärts wie im Grand Canyon.

Als Nächstes werden sie uns Alten noch ein Treppchen verkaufen, damit wir überhaupt raufkommen. Von der Optik dieser Dinger mal ganz zu schweigen. So etwas sieht man sonst nur manchmal in alten Kirchen: Auf monströsen Sarkophagen liegen Nachbildungen der Verstorbenen. Ähnlich lebhaft geht es also in »Seniorenbetten« zu. Immerhin, man kann schon mal über die Zeit danach nachdenken.

Was ganz besonders nett ist, ist der »Seniorentreff«. Eine Handvoll Leutchen, die absolut nichts Gescheites mit ihrer Zeit anzufangen wissen, finden sich zusammen, um Kräutertee zu schlürfen und an Butterkeksen zu lutschen. Bevorzugt wird das Ganze von einer rumänischen Pflegerin moderiert, die – auch wenn sie kein Deutsch kann – verständlicher spricht als der Rest der Anwesenden. Trostlosigkeit, du hast einen Namen: Seniorentreff.

Aber alles nichts gegen die »Seniorenresidenz«. Denken Sie jetzt nicht gleich an Friedhof, das wäre nicht fair. Auf dem Friedhof ist schließlich viel mehr los. In der Seniorenresidenz leben ältere Herrschaften in Zimmern mit Mondpreisen und unterirdischem Service. Aus irgendeinem mir unerfindlichen Grund soll es für die Leutchen dort erstrebenswert sein, unter lauter alten Menschen zu leben und gemeinsam auf das letzte Stündlein zu warten. Residenz, das klingt nach königlicher Wohnstatt. Den König hätte ich gerne mal gesehen, der dort einzieht.

Ist es denn nicht so, dass gerade im Alter der Kontakt zu jungen Menschen viel wertvoller ist? Das bringt Leben in die Bude, das ist für beide Seiten nützlich und lehrreich. Die Alten bleiben fitter, die Jungen werden klüger. Alle profitieren davon.

In Ihrem Alter noch?

Immer häufiger fällt mir auf, dass mich, wenn ich gewisse Geschäfte betrete, viele Leute merkwürdig ansehen. Es hat eine Weile gedauert, bis ich begriff, dass das nicht meinem Bekanntheitsgrad geschuldet ist. Vielmehr drücken diese Blicke ein gewisses: »O nee, was will der denn hier?« aus. »In dem Alter?«

Okay, als ich letztes Jahr ein Fitnessstudio besuchte, das eigentlich nur für Krafttraining ausgelegt war, 'ne richtige Proll-Mucki-Bude, wurde mir sehr schnell klar, dass das nichts für mich sein würde. »Arni-Schwarzenegger-Körper« ist bei mir schon lange her; um ehrlich zu sein, ich hatte selbst mit zwanzig nicht einmal einen ähnlichen Körperbau. Als ich den Laden betrat, blickten mir schwitzende, stöhnende Muskelberge mitleidig entgegen. Nein, hier passte ich definitiv nicht hin. Eindeutig war hier Testosteron XXL bei der Arbeit. Allein der Schweißgeruch hätte genügt, um spontan in Ohnmacht zu fallen.

Letzte Woche wollte ich mir eine echt coole »Baseball-Cap« kaufen. Ich betrat einen hippen Laden in der Fußgängerzone, probierte einige heiße Exemplare vor dem Spiegel und befand, dass mir eine knallrote mit dem Aufdruck »forever young« ziemlich gut stand. Bis ich bemerkte, dass das halbe Geschäft mich grinsend, ja fast belustigt ansah. Hallo? Geht's noch? Es ist doch unübersehbar, dass die Baseballkappe zunehmend zum Kleidungsstück auch für Rentner wird.

Woran liegt es nur, dass besonders in der Modebranche jedes Alter eine Trendvorgabe hat? Wenn ich, wie jeden Morgen, meine Kinder in die Schule fahre, sehen alle entsprechend ihrer Altersgruppe gleich aus. Zehn bis sechzehn Jahre: zerrissene Jeans, möglichst eng, T-Shirts oder Pullover, die selbst Günther Strack um einige Nummern zu groß gewesen wären. Turnschuhe, wie sie mein Großvater zum Basketballspielen getragen hätte, wenn er denn Basketball gespielt hätte. Von Ende August bis Anfang Februar gefütterte Ugg-Boots, um dann, wenn es wirklich kalt wird, auf zarte »Sommerschühchen« umzusteigen, die bevorzugt aussehen wie ein paar silberne oder goldene Schnüre, festgemacht auf Pizzapappe. Wenn ich mich nur erinnern könnte, ob ich mich in meiner Jugend ebenfalls derart hirnrissig angezogen habe! Wahrscheinlich ja.

»Sieht einfach besser aus, besser als eure spießigen Klamotten damals«, meint Clara und lässt keinen Zweifel daran, dass sie sich in Sachen Kleidergeschmack von mir keinen Rat erwartet. Ganz anders die Jungs. Die tragen das ganze Jahr über die gleichen Turnschuhe. Passt immer. Manchmal frage ich mich, ob sie die nachts überhaupt ausziehen. Aber vermutlich sind die Socken mittlerweile mit der Fußsohle verschmolzen und wären sowieso nur noch chirurgisch abzulösen.

Egal, warum sollte ich da nicht diese überaus coole Baseball-Cap tragen? Einerseits. Andererseits: Wenn ich nur daran denke, welche Kommentare ich zu Hause ernten würde … vor allem nach der Geschichte mit dem Auto.

Ja, ich gebe zu, ich habe mir so ein Sportding geleistet. Spitze 300, Cabrio und allen Schnickschnack als Zubehör. Nur die Anhängerkupplung hatte ich mir gespart – wäre uncool, dachte ich. Jetzt verstehe ich, warum der Verkäufer beim Bestellen des Wagens so süffisant gegrinst hat, denn letztens hat mir mein neunjähriger Sohn eröffnet, dass es den Wagen gar nicht mit Anhängerkupplung gibt. Ich frage mich, woher der Knirps so etwas weiß. Kann seinen Nachnamen kaum buchstabieren, aber Worte wie Ferrari, Maserati oder Porsche Carrera nehmen einen Sonderstatus in seinem Wortschatz ein, vermutlich kann er sie sogar orthografisch richtig schreiben. Und wahrscheinlich würde der Wagen auch besser zu ihm passen, hätte er einen Führerschein.

Mittlerweile ist mir klar, dass ich vor dem Kauf eine Probefahrt hätte machen sollen. Dann wäre mir aufgefallen, dass das Ein- und Aussteigen mich vor ein größeres, nahezu unlösbares Problem stellt. Wenn ich heute zum Kardiologen, Orthopäden oder Urologen fahre (wo ich bisweilen den Hauptteil meiner Zeit verbringe), versuche ich im Parkhaus immer auf dem obersten Stock einen Parkplatz zu ergattern. Dort ist man einigermaßen unbeobachtet, denn es gibt nur einen Weg, würdevoll aus so einem Boliden auszusteigen, nämlich sich seitwärts aus dem engen Sport-Teil kippen zu lassen. Und wer will sich dabei schon ertappen lassen? Den Vorgang des Ein- und Aussteigens beobachtet meine Familie immer wieder mit großem Vergnügen. Mittlerweile betrete ich unsere Garage, verschließe die Tür hinter mir, krieche mit dem Kopf zuerst in den Wagen, versuche, meine Beine im Fußraum irgendwie zu entwirren und geordnet unterzubringen, und öffne *dann* das Garagentor.

Wenn ich dann mit meiner Totenkopf-Baseballcap auf dem Kopf die Einfahrt runterröhre, könnte man denken, da kommt ein echt cooler Typ. Schade, dass nur ich das denke.

Vierte Sitzung, Freitag, der 3.

»Sie sehen heute etwas bedrückt aus, Herr Richter.« Die freundliche Psychologin weist mit der Hand auf einen der Sessel. »Gibt es Schwierigkeiten?«

»Nichts Besonderes«, sage ich. »Ich habe mich nur über die Kinder geärgert.«

»Wie alt sind denn Ihre Kinder?«

»Unsere Tochter ist mitten in der Pubertät. Und der Sohn geht steil darauf zu.«

Wieder dieses verdächtige Lächeln. Sie kann das echt gut. Man kommt sich irgendwie ertappt vor, nicht ganz ernst genommen, und zugleich wirkt es, als sei alles nur halb so schlimm. Ach was, halb: ein Zehntel so schlimm.

»Lassen Sie mich raten: Die beiden haben überhaupt kein Sozialverhalten, richtig?«

»Kein bisschen. Clara lässt sich kaum blicken, und wenn, dann nur, um uns zu sagen, dass sie Geld braucht oder eine Sechs in der Mathearbeit hat – wenn sie überhaupt etwas sagt. Ihre Zimmertür kenne ich nur von außen. Und Ryan sitzt den ganzen Tag vor der Playstation. Sie machen nichts Produktives, aber wehe, man sagt etwas!«

Sie nickt verständnisvoll. »Dann ist der Teufel los.«

»Sie sagen es. Haben Sie auch Kinder?«

Statt einer Antwort auf meine Frage analysiert sie die Sachlage so knapp wie treffend: »Die Jugend von heute liebt den Luxus, hat schlechte Manieren und verachtet die Autorität. Sie widersprechen ihren Eltern, legen die Beine übereinander und tyrannisieren ihre Lehrer«, stellt Frau Doktor Faust fest. Und ich kann nur sagen: »Genauso ist es. Sie sagen es. Da bin ich aber froh, dass Sie das auch so sehen. Ich dachte schon, ich wäre bloß mal wieder aus der Zeit gefallen.«

»Sokrates«, erklärt sie mit kaum unterdrücktem Grinsen.

»Sokrates?«

»Hat das gesagt. Vor zweitausendfünfhundert Jahren.«

»Oh.« Wenn ich nicht schon säße, müsste ich mich jetzt setzen. »Dann bin ich wohl doch ziemlich aus der Zeit gefallen. So ungefähr zweitausendfünfhundert Jahre hinterher.«

Sie schüttelt den Kopf. »Aber nein, Herr Richter. Sehen Sie es so: Wenn Sokrates das vor zweitausendfünfhundert Jahren so formuliert hat und Sie formulieren es heute so, dann handelt es sich wohl um eine Art gemeinsame Auffassung.«

»Von mir und Sokrates?«

»Und von Vertretern Hunderter Generationen dazwischen. Zu jeder Zeit dachten die Älteren, dass die Jüngeren schlechte Manieren hätten und dass es nur eine Frage der Zeit sein würde, bis ihre Gesellschaft unterginge angesichts des Benehmens des Nachwuchses. Aber nachdem ja nun nicht jede Generation noch schlimmer geworden sein kann …« Sie lacht. »Es ist wohl eher ein Phänomen des Alterns, dass wir die Jugend nicht mehr verstehen. Es kann nicht an der Jugend liegen, denn dass sie wirklich über so viele Generationen hin immer schlimmer und noch schlimmer geworden ist, kann ja niemand ernsthaft denken.«

Sie kennt natürlich meine Kinder nicht. Aber in dem Moment trifft mich vor allem eines: der Ausdruck »ein Phänomen des Alterns«. Während ich noch mit mir selbst ringe, ob mich das jetzt wieder in eine Depression stürzen soll, klatscht meine Therapeutin in die Hände und sagt: »Wissen Sie was, Herr Richter, lassen Sie das dieses Mal Ihre Übung sein.«

Lektion 4: Was mit der Zeit alles besser wurde.

Früher war alles besser 1 (Kleidung)

Es ist morgens Viertel nach sieben, und unsere Tochter Clara, vierzehn, steht schon in der Tür, offensichtlich auf dem Weg zum Strand. Das erstaunt mich aus mehreren Gründen: Erstens natürlich wegen der Uhrzeit. Zweitens auch, dass sie mitten unter der Woche baden gehen will. Und drittens, weil der einzige Strand weit und breit der Elbstrand ist – und da dürfte es zurzeit um die acht Grad Wassertemperatur haben.

»Du gehst schwimmen?«

»Schwimmen?«

»Na ja, mit Badekluft und Strandtasche …«

»Aber Papa, das ist meine Schultasche.«

»Und das da?«, frage ich und zeige auf das fast durchsichtige Strandkleidchen, das Badetop und die extraheißen Pants, die so kurz ist, dass man die Taschen sehen kann.

»Das trägt man jetzt so.«

»Mit Ballerinas?«

»Klar.«

»Wir haben aber Februar.«

»Und?«

»Es ist eisig draußen. Du wirst erfrieren.«

»Werd ich nicht, Papa. Jetzt chill mal. In meiner Klasse kommen manche sogar mit Flip-Flops.«

»Auch die Jungs?«

»Wow, bist du witzig. Nein. Die Jungs natürlich nicht. Die tragen alle Whompers.«

»Whompers?« Ich zögere kurz. »Klar«, sage ich dann. Muss mich ja nicht jedes Mal wie der letzte Dinosaurier benehmen. »Bräuchte ich auch mal neue«, lüge ich.

»Whompers? Du?«

»Klar. Wieso?«

»Komm bloß nicht in die Nähe meiner Schule! Und wenn du mich zufällig irgendwo siehst, sprich mich auf keinen Fall an. Auf keinen Fall, ja?« Mit diesen Worten reißt sie die Tür auf und zischt ab, und mich schaudert es, wenn ich an den Temperaturschock denke, den sie gerade erlebt. Ich haste ans Fenster, um ihr nachzugucken. Falls sie in der Auffahrt festfriert, kann ich sie vielleicht mit einer Wärmflasche und einer dicken Wolldecke wieder loseisen. Aber sie friert nicht fest, sondern steigt in ein Auto, das dort schon mit laufendem Motor wartet. Ein Fremdfahrzeug!, denke ich misstrauisch. Aber es ist nur Fluppi, von dem vermutlich kein Mensch weiß, wie ihn seine armen Eltern einst wirklich getauft haben. Fluppi brettert mit einem Höllentempo auf die Straße und verschwindet hinter einer Rauchwolke aus dem Auspuff. Man wird ja dankbar, und ich bin erleichtert, dass Fluppi sie nicht wie früher mit dem Mofa abgeholt hat. Ich verschwinde hinter meinen Laptop, um zu googeln: Whompers.

Leider sind die Dinger nicht zu finden. Vielleicht ist das ja auch nur ein Fantasiename, den die Jugendlichen benutzen, um die Dinge nicht bei ihrem wahren Namen nennen zu müssen. Aber Papa wäre ja nicht der Cleverste, wenn er nicht eine Lösung für dieses Dilemma hätte. Ich gucke also bei unserem Sohn vorbei, der gerade im Keller sitzt und mit der Playstation daddelt. »Ryan?«

»Ahhhh!« Er fällt fast vom Sofa. »Hast du mich erschreckt, Papa.«

»Tut mir leid, das war nicht meine Absicht.«

»Schleichst du dich immer so an? Noch nie was von Privatsphäre gehört?«

»Entschuldige mal, das hier ist unser gemeinsamer Hobbyraum. Da darf ich doch wohl mal vorbeigehen.« Privatsphäre, lachhaft! Was die Kids so alles ins Internet stellen, davon können noch Generationen von Geheimdiensten zehren. »Ich wollte nur fragen, ob ich mir mal deine Whompers ausleihen kann.«

»Ausleihen? Was willst du denn mit denen?«

»Anziehen natürlich. Meine sind kaputt.«

»Deine? Du hast Whompers?« Aus den Augenwinkeln sehe ich, wie sein Auto gerade gegen mindestens vier Feinde crasht. Dieses Spiel hat er definitiv verloren. »Komm bloß nicht in die Nähe meiner Schule!«

»Der Witz hat einen Bart, Ryan.«

»Hä?«

»Hat man früher so gesagt, wenn ein Scherz alt war.«

»Ach so, du meinst Füße hoch, der kommt flach! So nennt

man das heute. Ja, also, meine Whompers passen dir doch nie und nimmer. Ich hab Größe 40. Und du hast ja ungefähr Größe 100.«

Natürlich muss ich an Frau Doktor Fausts Bemerkung über das Benehmen des Nachwuchses denken. Ryan kompensiert die Tatsache, dass er noch ungefähr drei Köpfe kürzer ist als ich, indem er alles, was meine Größe betrifft, als elefantös abtut und sich darüber lustig macht.

»Ich kann's ja mal probieren, oder?«

»Klar. Nimm sie dir einfach.«

Einfach nehmen ist gut – wenn ich nur wüsste, wie die Dinger aussehen. Seine Ansage bringt mich nicht weiter. Aber gut, so schwer kann das ja nicht sein. Ich gehe an den Schuhschrank und hole alles raus, was eigentlich Ryan gehören müsste (in einigen Fällen gar nicht so leicht zu unterscheiden von den Monstertretern meiner Tochter. Egal, welche davon die Whompers sind: Ausnahmslos jeder Schuh ist von einer Klobigkeit, die Elefantenfüße dagegen wie Ballerinafüßchen erscheinen lassen.

Wie die Schuhe, so der Rest. Alles, was ich in den folgenden Tagen an Kleidung bei meinen Kindern bewusst wahrnahm, war außergewöhnlich gewöhnlich. Töchter gehen heute bevorzugt vor die Tür, als hätten sie ihren Fummel vom Wertstoffhof oder zu horizontal-gewerblichen Zwecken erworben. Jungs laufen herum wie aus Versehen im Kleiderbügel hängen geblieben. Wo um alles in der Welt ist diese Leidenschaft geblieben, sich zu stylen? Gibt es denn kein Bestreben mehr, individuell zu sein, einen eigenen Stil zu kreieren? Sich von der Masse abzusetzen? Aber es gibt ja auch im Showbusiness keine wirklichen Stilikonen mehr; da laufen sie auch rum wie frisch aus dem Waschsalon entlaufen – nachdem eine Bombe eingeschlagen hat. Denken sie da nur mal an Lady Gaga, die sich mit Schnitzeln behängt, oder Pink.

Die Sache ist entschieden: Ich werde sicher keine Whompers tragen, wenn ich mal wieder in der Schule aufkreuze, sondern Turnschuhe. Aber selbst dann würden meine Kinder gequält aufstöhnen: »Wie uncool, jetzt macht der Alte auf jung.« Dass mir Sportschuhe bei meiner Altersarthritis ein wenig Linderung verschaffen würden, ist meinen Nachkommen anscheinend gleichgültig.

So viel steht fest: Die Mode ist mit der Zeit definitiv nicht besser geworden, liebe Frau Doktor Faust.

Früher war alles besser 2 (Musik)

Sonntags versuchen wir, auch mal was mit den Kindern zu unternehmen. Mal ist es ein Zoobesuch, mal ein Ausflug an die Nordsee. Museum ist auch sehr beliebt – das heißt bei uns Eltern. Nicht ganz so bei den Kindern. Was immer gut ankommt, sind bei längeren Ausflügen die Zwischenstopps an irgendwelchen Imbissbuden oder in Fast-Food-Restaurants. Da sind wir nicht so speziell, es soll ja auch Spaß machen. Und Kinder lieben nun mal Hamburger und Pommes. Ich sowieso.

Mir kommt dabei regelmäßig die Aufgabe zu, die Bestellung aufzugeben. Sprich: Während die anderen mit ihren Smartphones daddeln, darf Papa in der Schlange stehen und sich die Füße platt warten. Bei einer Pause an der Autobahnraststätte ist es dann passiert. Ich komme mit einem Riesentablett Fressalien an den Tisch, und die Kids halten sich beide die Hände über die Augen und gucken nach unten, als stünde meine Hose offen. »Alles klar?«, frage ich und schaue mich irritiert um.

»Zeig bloß nicht, dass wir zusammengehören«, flüstert Clara.

»Papa, du bist echt peinlich«, erklärt Ryan.

»Peinlich? Was ist denn eigentlich los?«

Clara wagt kaum, zwischen ihren Fingern durchzuschauen, und raunt giftig: »Du hast voll einen auf Tanzbär gemacht.«

»Tanzbär?«

»In der Schlange! Du hast da rumgetanzt wie Klein Doofi.«

»Also, Clara«, schaltet sich meine Frau sehr zurückhaltend ein. Etwas mehr Unterstützung hätte ich durchaus angemessen gefunden.

»Ich hab höchstens ein bisschen mitgewippt«, erkläre ich, und ja, ich gebe es zu, ein wenig gekränkt bin ich schon.

»Und zu was für einem *Lied* …« Clara keucht, Ryan sieht sich um, ob ihn jetzt alle beobachten, weil er den peinlichsten Vater der Welt hat.

»Hey, das war ›Dancing Queen‹. Von Abba. Das ist ein Klassiker der Popmusik.« Über solche Sachen kann ich wunderbar dozieren. Gerne auch länger. In dem Fall mache ich es aber kurz. Gerade, dass ich noch ein bisschen Königin Silvia und Traumhochzeit in Schweden loswerde. Und natürlich den bildungsmäßig ja nicht unbedeutenden Hinweis: »Die Gruppe hat damals den Grand Prix de la Chanson gewonnen.«

»Den was?«, fragt Ryan.

»Den Eurovision Song Contest«, erkläre ich, weil mir einfällt, dass sie das Ding irgendwann umbenannt haben, damit es auch Doofe kapieren.

»Voll peinlich!«, ächzt Clara. »Und so was durften die da singen?«

»Nicht den Song. Sondern einen anderen.«

»Kein Wunder!«, ächzt meine liebe Frau, die ebenfalls peinlich berührt aus dem Fenster schaut. »Abba, die waren schon damals mega-out.«

Es bleibt dabei: Wir verstehen uns musikalisch nicht, die Kinder und ich. Und meine Frau gehört dazu.

Im Auto bitte ich sie, mir doch mal vorzuspielen, was sie zurzeit so hören. Anschließend bitte ich sie, es ganz schnell wieder auszumachen. Meine Güte! Wissen Sie, was die Kids heute hören? Jedenfalls keine Musik. Die Bässe sind mit Presslufthämmern getaktet, sodass die Autoscheiben vibrieren (wahrscheinlich fahren die in den Musikvideos überhaupt nur deshalb dauernd Cabrios, weil die Kisten keine Fenster mehr haben), die Notenblätter müssen auf dem Weg ins Studio versehentlich in eine Häckselmaschine gefallen sein. Die Frauen klingen wie Barbiepuppen und die Männer wie heisere Halskranke.

Ich meine, hey, wer bei »Dancing Queen« nicht mitwippt, der hat keine Beine. Und keine Ohren. Früher mal war der Song vielleicht sogar wirklich ein kleines bisschen peinlich. Aber wenn man den heute hört, merkt man erst, wie gut die Musik damals war! Um es den Kindern zu demonstrieren, suche ich einen dieser Retrosender, die es ja schon immer gab und in denen die Hits von einst laufen. Radio Oldie. Wunderbar. Und schon ein Volltreffer: Aus den Boxen kommt mit aller Macht und allem Drive einer der besten Songs, die ich kenne: »Calling America« von Electric Light Orchestra. Das ist doch mal ein Sound! Danach plärrt Donna Summer:

»I will survive«, und ich kann nicht anders: Ich plärre mit und stehe auf dem Gaspedal, als wäre der Leibhaftige hinter uns her. »Hotel California« – »Here comes the sun« – »Blue Suede Shoes«. Und natürlich all die Swing-Klassiker. Und überhaupt: Der Sender hat ja ein super Programm mit einem Knüller-Hit nach dem anderen! Ich bin begeistert, wie meine Kinder zuhören. Kein Motzen mehr, kein Nörgeln. Kein »voll peinlich, Papa«. Sie sitzen da und lauschen andächtig – bis ich entdecke, dass sie längst ihre Ohren verstöpselt haben und wieder ihren eigenen Soundtrack konsumieren. Nein, an die Musik der Sechziger bis Neunziger kommen die jämmerlichen Krachakrobaten von heute nicht mehr ran, oder wenn, dann nur noch sehr ausnahmsweise. Wenn ich mir was einfallen lassen soll, was mit der Zeit besser geworden ist: Die Musik ist es jedenfalls in den meisten Fällen nicht.

Endlich Narrenfreiheit?

Apropos Musik: Es ist schon auffällig, was seit einiger Zeit passiert. Haben Sie es auch schon bemerkt? Erst gab es da die werten Herren vom Buena Vista Social Club. Die sind gut, aber mal im Ernst: Wenn die nicht alle schon das Greisentum im Blick hätten, würde kein Hahn nach ihnen krähen. Manchmal wirkt es eben doch auch irgendwie cool, wenn Opis sich auf die Bühne trauen. Und Omis! Falls Sie es nicht gesehen haben vor ein paar Jahren: Es gab bei besagtem Eurovision Song Contest anno 2012 eine Gruppe alter Damen, die sich in folkloristischer Tracht auf die Bühne gestellt, gesungen und, na ja, getanzt haben. Dazu die Aufforderung: »Party for Everybody«. Irre. Die Damen, die sich Buranovskije Babushki nennen, haben Mut, großen Mut sogar. Und das Publikum, das hatte seinen Spaß. Wer sich darüber amüsiert, wie die alten Mütterchen, von denen keine unter siebzig ist, auf der Bühne agieren, der sollte sich erst einmal ansehen, wie das Publikum abgeht! Der Hammer. Selten ein so schwaches Lied mit so viel Würde vorgetragen gesehen.

Natürlich kann man nun behaupten, das sei eine Ausnahme gewesen. War es beim ESC wohl auch. Dann muss ich aber dagegenhalten. Geben Sie doch mal bei YouTube »Liechtenstein« und »supergeil« ein. Nein, es geht nicht um die Schwarzkonten von Uli Hoeneß, sondern um einen schon etwas betagteren Herrn, der über Edeka singt. Edeka? Ja, Edeka. Sie wissen doch, der Laden, in dem unsere Eltern schon eingekauft haben. Besagter Liechtenstein gibt Mr. Cool. Und er gibt ihn dermaßen überzeugend, dass bei Redaktionsschluss dieses Buches schon an die 15 Millionen Internetuser den Clip aufgerufen hatten. Fünfzehn Millionen Leute, die sich das vollbärtige, bebrillte Dickerchen, das Herr Liechtenstein nun mal ist, angesehen haben – und von denen so ungefähr jeder eine Jubelnotiz hinterlassen hat. So cool kann kaum ein Twen sein und schon gar kein Supermodel.

Weil ich vorhin erwähnte, das Publikum der sibirischen Girlsband sei abgegangen: Auf einem anderen sehr populären Clip kann man einen geschätzt Achtzigjährigen dabei bestaunen, wie er ein Rockkonzert besucht und dabei völlig ausflippt und zu tanzen beginnt. Die Leute um ihn herum finden ihn sichtlich noch heißer als die Show, für die sie eigentlich Eintritt bezahlt haben. So kann es gehen: Wenn die Teenies tanzen, dann nervt es bloß. Wenn Opi Luftgitarre spielt und mit

Headbanging Gefahr läuft, seine Nächststehenden umzunieten, dann ist das ein genialer Act.

Aber ich kann es ja wirklich verstehen.

Neulich saß ich am Flughafen und wartete auf das Boarding. Ein paar Stühle weiter saß eine sehr alte Frau mit einem Gesichtsausdruck, wie ich ihn sonst nur von meinen Kindern kenne. Das mag an den Headphones gelegen haben. Denn sie hatte sich ebenfalls die Ohren zugestöpselt. Und auf dem iPad schien gerade nicht Bach oder Chopin zu laufen. Denn ihr Kopf bewegte sich im typischen Rhythmus lässiger Bässe, und der ganze Körper wippte mit. Ich muss gestehen: Zum ersten

Mal gefiel mir dieses Verhalten. Während es bei den Kids nur nervt, hatte es bei der alten Dame etwas extrem Cooles. So, dachte ich, wünsche ich mir das auch, wenn ich alt bin. Na ja, bis mir einfiel, dass ich ja ehrlicher Weise schon alt bin. Und dann zückte ich mein eigenes Smartphone, stöpselte mir die Ohren zu und gönnte mir ein paar starke Songs von den Dire Straits.

Auch wenn mir klar ist, dass mir noch ein paar Jährchen fehlen, bis meine Marotten oder mein Spaß an schrägen Auftritten allgemein als cool angesehen werden, muss ich mich doch nicht verstecken. Mag manches noch mit fünfzig oder sechzig als peinlich gelten, ab Mitte siebzig fängt es an: Wir haben endlich Narrenfreiheit! Keine Frage, dann sind wir endlich cool, egal, was wir tun. Oder, wie Liechtenstein es ausgedrückt hätte: supergeil. Das muss ich unbedingt Frau Doktor Faust erzählen!

Dorfälteste

Wie schön muss das doch gewesen sein, als es noch so etwas wie den »Dorfältesten« gab. Früher war das bekanntlich gang und gäbe. Ob nun der weise Alte oder »Big Mama« – die Jugend hat die Oldies angebetet. Und auf sie gehört. Ganz anders als die Jugend heute. Vor allem die bei uns zu Hause. Bei meinen Kindern ist der Autoritätsverfall, was mich betrifft, geradezu greifbar.

Andererseits: Kann es sein, dass sich da doch ein gewisser Trend erkennen lässt (natürlich nicht bei uns zu Hause, sondern überall sonst)? Mir ist jedenfalls aufgefallen, dass die

Alten plötzlich wieder gefragt sind. Ein gewisser Helmut-Schmidt-Effekt scheint mir um sich zu greifen: je älter, desto verehrter. Wenn der Altkanzler aufs Podium gerollt wurde, dann brandete tosender Applaus auf. Wenn er sich eine Kippe ansteckte, dann hatte das fast schon kultischen Charakter. Jedenfalls kultigen. Dann waberte Mentholqualm durch den Raum und es herrschte beinahe eine Stimmung wie beim Orakel von Delphi. Das er ja auch irgendwie war, der Helmut Schmidt. Bedeutsam, groß, von oben herab. Aber verlieren wir uns nicht in Details. Denn es geht mir ja um etwas ganz anderes: um die großen alten Männer und Frauen, die plötzlich wieder richtig gefragt sind. Und irgendwie macht mir das Hoffnung.

Kürzlich habe ich eine Umfrage gelesen, wer denn das glaubwürdigste Mitglied des britischen Königshauses sei. Mein Tipp wäre die Queen gewesen. Der würde ich ungefragt alles glauben – schon weil sie praktisch nie was sagt, und wenn doch, liest sie es ab. Außerdem, wer solche Hüte trägt, kann nicht lügen. Tatsächlich war das Ergebnis überraschend: Zum glaubwürdigsten Mitglied des britischen Königshauses wurde Prinz Philip gewählt. Prinz Philip? Zuerst fand ich das ziemlich daneben. Ich meine, wofür steht der denn? Aber dann ging es mir auf: Er steht für unbedingte Ehrlichkeit. Er macht keinen Hehl aus seiner Verachtung für arme Leute oder Chinesen oder Frauen oder was der liebe Gott sonst noch alles an lästigen Ärgernissen seiner Meinung nach in die Welt gesetzt hat. Er sagt immer, was er denkt, egal, wie chauvinistisch er dabei klingt. Kostprobe gefällig?

Zu einer philippinischen Krankenschwester in London sagte er: »Die Philippinen müssen halb leer sein, ihr seid ja alle hier.« Ein Rollstuhlfahrer durfte sich von ihm fragen lassen: »Na, wie viele Leute haben Sie denn heute Morgen schon mit Ihrem Gefährt erlegt?« (Dazu muss man freilich wissen, dass der Prinz ein leidenschaftlicher Jäger ist.) Einem Sicherungskasten in einer Fabrik in Edinburgh attestierte er: »Sieht aus, als hätte ihn ein Inder gebaut.« Überhaupt, diese Inder: »Heute Abend sind ganz schön viele von Ihrer Familie da«, sagte er einem Geschäftsmann auf einem Empfang für die indische Gemeinde in Großbritannien. Wobei man das nicht überbewerten darf. Der Prinz steht da für eine gewisse ausgleichende Gerechtigkeit. Mal sind es die Chinesen (»Fliegt es und ist es kein Flugzeug, schwimmt es und ist es kein U-Boot, dann werden es die Chinesen essen.«), mal eine Bemerkung im Rezessionsjahr 1981: »Zuerst fordern alle mehr Freizeit, jetzt beschweren sie sich, dass sie arbeitslos sind und viel Zeit haben.« Haarscharf hat er allerdings das Schlüsselproblem Brasiliens analysiert: »Dort leben Brasilianer.« Der liebenswürdigste Kommentar galt aber seiner Tochter Anne, einer begeisterten Reiterin: »Sie liebt nur Dinge, die wiehern oder furzen!« Aber der Prinz schätzt auch seine eigene Situation äußerst realistisch ein. Als ihm ein Ehepaar vorgestellt wurde und der Ehemann erklärte: »Meine Frau hat einen Doktor in Philosophie und ist viel wichtiger als ich«, meinte er nur trocken: »Ach ja, wir haben dieses Problem in unserer Familie auch.«

Ein großer Humorist. Und wie gesagt, absolut glaubwürdig. Der Helmut Schmidt des internationalen Hochadels. Ab einem gewissen Alter tritt offenbar eine Art Projektion ein. Erstklassiges Beispiel: die »Mutter der Nation« Inge Meysel. Jahrzehntelang galt sie vielen nur als mittelmäßige Schauspielerin der leichten Muse, eher aus dem Fach alberne Type (wobei man ihre Talente bei Weitem nicht genügend gewürdigt hat). Doch dann, irgendwann, war sie dem Publikum so vertraut geworden, gehörte irgendwie zur Familie, sodass man ihr alles anvertraut und zu allem gerne ihren Rat gehört hätte. Eine Mutterfigur – obwohl sie nicht mal Mutter war. Ohne ersichtlichen Grund wurde aus der Fernseh- und Theaterfigur eine Ikone. Das heißt, den ersichtlichen Grund gab es eben doch: Sie war alt geworden.

Es gibt viele solche Beispiele: Vivien Westwood: einst das Schreckgespenst der Laufstege und für die meisten vor allem zum Davonlaufen, heute die Grande Dame der internationalen Modewelt. Egal, was sie entwirft, es wird immer beklatscht. Oder Clint Eastwood: Er kann sich auf die Bühne stellen und den größten Unsinn brabbeln, kann für die Waffenlobby und gegen den amerikanischen Präsidenten agitieren – er wird bewundert und verehrt. Kritik verbietet sich fast von selbst. Wobei ich an der Stelle sagen muss: Der Mann kann was – und er ist ein Profi, von dem sich die meisten halb so Alten eine dicke Scheibe abschneiden können. Auf die Idee, wegen seines Alters herumzujammern, kommt er gar nicht. Viel zu beschäftigt. Genial! Das ist so ähnlich wie bei Karl Lagerfeld. Wer den sieht, der denkt sich auch: War der jemals jung? Gefühlt sah der immer schon aus wie sechzig oder siebzig. Aber das ist schon eine Ewigkeit so. Und der Mann zieht sein Ding gnadenlos durch. Kein Wort von wegen Ruhestand oder Müdigkeit. Wobei ich mir das seit einiger Zeit bei ihm wünschen würde. Allein seine Mundwinkel müssten demnächst auf dem Boden aufschlagen. Ich frage mich, ob sein Gesicht überhaupt den Modus »Lächeln« kennt. Anderes Beispiel: Blacky Fuchsberger. Der ist auch in seinen späten Jahren noch einmal zu ganz großer Form aufgelaufen. Und mit seinem Spruch, dass Altwerden nichts für Feiglinge ist, hatte er sicher durchaus recht. Irgendwie.

Bei alledem überrascht es nicht, wenn plötzlich auch noch ein Buch über einen »Hundertjährigen, der aus dem Fenster steigt und verschwindet« monatelang die Bestsellerlisten anführt. Scheint die Leute zu interessieren, das Alter – sofern sich in diesen Verkäufen nicht zufällig die Hoffnung ausdrückt, es könnte der eigene Opa sein.

Ist es das? Wollen wir Persönlichkeiten, die durch ihr hohes Alter für Erfahrung stehen, für Zuverlässigkeit und Gelassenheit? Ich vermute es fast. Und ehrlich gesagt, ein klein wenig geschmeichelt fühle ich mich doch, dass ich vielleicht in ein paar wenigen Jahren endlich in den Zustand der natürlichen Autorität komme, dass man mich vielleicht auch mal etwas fragen und mit jeder noch so albernen oder idiotischen Antwort zufrieden sein wird und sie zur Weisheit des Monats erhebt.

Übrigens: Lustiger Weise gibt es einen Spruch von Prinz Philip, bei dem man annehmen muss, dass er nicht der Weisheit des Alters geschuldet ist, sondern seinem sehr englischen Humor. Nach der Krönung soll er seine Frau gefragt haben: »Wo hast du den Hut her?« Und meinte damit ihre Krone. Er war damals gerade mal zarte einunddreißig Jahre alt.

Sex im Alter

Wir sprachen bereits davon: Seit einiger Zeit ist Sex im Alter ein Thema. Die Zeitungen schreiben darüber, das Fernsehen widmet dem Phänomen ganze Themenabende, und selbst im Kino laufen prominente Filme, die seitenweise die Feuilletons füllen (nun gut, sie sind natürlich nicht prominent besetzt, weil die prominenten Schauspieler und -innen sich davor scheuen). Überall werden die Senioren sexualisiert. Es hat schon fast was Exhibitionistisches.

Aus rein wissenschaftlichem Interesse beschließe ich deshalb, diesem Phänomen mal auf den Grund zu gehen und herauszufinden, was es damit auf sich hat. Maßnahme Nummer eins: Google konsultieren.

Ungefähr 158.000.000 Ergebnisse wirft mir die Suchmaschine aus. Ich muss mir erst einmal einen Kaffee machen. Bis ich die alle durchgelesen habe, das kann eine Weile dauern. 158 Millionen! Ergebnisse! Da gibt es ja mehr Online-Beiträge als Sexualakte, wenn ich mir das mal bildlich vor Augen führe. Obwohl: Bildlich will ich es lieber doch nicht haben.

Ein Klick klärt mich über das Wichtigste auf: »Sex im Alter kann eine Herausforderung sein«, heißt es beim sogenannten Zentrum der Gesundheit. Klar. Kann er aber ehrlicher Weise in jedem Alter sein. Wenn ich daran denke, was für eine Herausforderung das mit fünfzehn war! Keine Freundin, kein lauschiges Plätzchen, kein Auto mit Liegesitzen und keine vernünftige Verhütungsmöglichkeit … »Sex im Alter kann aber auch wunschlos glücklich machen.« Aha! Jetzt kommen wir der Sache doch näher. »Vielleicht denken Sie, dass Sex mit 50 oder 60 ja gerade noch machbar sein wird.« Wer schreibt denn das? Teenagerwissenschaftler? »Sex mit 70 oder 80 dagegen sicher nur noch eine vage Erinnerung an alte Zeiten ist. Falsch gedacht! In Wirklichkeit ist es so, dass nicht wenige Menschen ab 50 oder 60 den besten Sex ihres Lebens haben.« Wie gesagt, habe ich gelesen, aber man liest ja viel.

Ich lese – oder besser, ich forsche weiter: »Sexualität in der zweiten Lebenshälfte.« Gute Sache. Klingt vielversprechend. Bis ich die zweite Tabelle sehe. Da geht es nämlich um die Frage, wie viel Sex man denn in einem gewissen Alter tatsächlich hat. Mir ist zwar nicht ganz klar, wie es sein kann, dass die Kurven zwischen Männlein und Weiblein immer weiter auseinanderklaffen. Aber offensichtlich ist: Beide Geschlechter bekommen zu wenig ab. Obwohl sie beide gerne mehr hätten! Wie doof ist das denn? Beide können, beide wollen – und beide bekommen nichts? Ein Rätsel, das sich mir nicht erschließen mag. Da kann ich nur sagen: Leute, freut euch des Lebens! Macht es und poppt euch das Hirn aus dem Kopf! Kann ja wohl nicht sein, dass man gewissermaßen an der festlich geschmückten Tafel verhungert. Das ist ja, als säßen zwei am Tisch, in der Mitte ein Schnitzel, und beiden kracht der Magen. Obwohl, Schnitzel …

Ganz fies ist ja wohl der Spruch, dass Essen der Sex des Alters sei. Kann sich eigentlich nur ein zum Imbissbudenbesitzer umgelernter ehemaliger Bordellbetreiber ausgedacht haben. Nur weil der Bauch ab einem gewissen Reifegrad etwas fülliger wird und die Zahl der Sexualakte (viel)leicht abnimmt, kann man doch keinen Zusammenhang ableiten. Das ist ja, als würde man sagen: Der Rollator ist der Dildo des Alters.

Mit einem gewissen Wohlwollen dagegen nehme ich zur Kenntnis, dass offenbar sogar jüngere Menschen in Sachen Sex den Rat einer offensichtlich schon ziemlich alten Dame namens Dr. Ruth Westheimer suchen. Alles, was sie sagt, könnte ich ungeprüft unterschreiben. Die Frau ist schlau. Voller Freude, eine solche Koryphäe der wichtigsten Kulturtechnik entdeckt zu haben, füge ich sie meinen All-time-Favourites hinzu: Sie ist jetzt die »Dorfälteste« für Sexfragen. Was sie sagt? Eigentlich Dinge, die wir längst wussten, aber immer wieder gerne hören. Zum Beispiel Dinge wie:

Traut euch, was Neues auszuprobieren (nach fünfzig Jahren Ehe nicht leicht)

Zaubert Fantasie in euer Liebesnest (ein Liebesnest im Seniorenheim; klingt nicht wirklich erotisch)

Schluss mit der Routine, liebt euch morgens, mittags und abends (andererseits: morgens ist Visite – mittags Mittagsschlaf – und abends vor dem Fernseher eingepennt)

Im Badeschaum lässt sich der Bierbauch gut verstecken (aber mangels Gelenkigkeit duscht der Rentner lieber, statt zu baden)

Ach, ich liebe diese Frau! Das alles steht in ihrem Buch »Silver Sex«. Ich freue mich schon auf »Gold Sex«. Kann man leider noch nicht bestellen.

Schließlich klärt mich der »Focus« noch auf: »Sex im Alter hält fit!« Na also, das war's doch, was ich hören wollte. Sagt meine Frau nicht ständig, ich sollte mehr für meine Fitness tun?

»Äh, Schatz, hast du gerade mal Zeit? Es geht um eine wichtige gesundheitliche Angelegenheit!«

Fünfte Sitzung, Freitag, der 10.

»Ich habe über Sie nachgedacht, Herr Richter.«

O-Oh. Frau Doktor Faust beginnt zu therapieren und ich ahne nichts Gutes. Wenn meine Frau so anfängt, dann kommt meistens wenig Schmeichelhaftes. Eher wird es irgendwie unangenehm.

»Ah so?«, entgegne ich vorsichtig.

»Ja.« Sie lehnt sich zurück und setzt einen Blick auf, den Charles Manson nicht schärfer hinbekommen hätte. »Ich finde, Sie sollten endlich Ihre seelische Schonhaltung aufgeben.«

»Meine *seelische ... Schonhaltung?*« Die nächsten fünf Minuten sieht sie mir völlig ungerührt beim Hyperventilieren zu. »Und was ist mit meinen Problemen? Ich habe eine Altersdepression. Haben Sie selbst gesagt. Schon vergessen?«

»Keineswegs. Ich erinnere mich sehr gut. Und ja, Sie haben eine Altersdepression. Aber so, wie Sie hier reinkommen und mir was vorheulen, werden Sie über die nicht wegkommen.«

»Wow, Sie sind aber wirklich nicht unnötig zartfühlend.«

»Im Gegenteil. Ich arbeite mich gerade mitten durch Ihre psychischen Weichteile, Herr Richter.«

Fühlt sich tatsächlich nach Weichteilen an. Allerdings nicht nach psychischen. »Ehrlich gesagt, weiß ich überhaupt nicht, worauf Sie hinauswollen, Frau Doktor.«

»Wundert mich nicht«, sagt sie und erhebt sich mit der Eleganz einer Vierzigjährigen. Sie tritt ans Fenster und öffnet es weit. »Sehen Sie sich das an.« Sie deutet hinaus. »Fällt Ihnen was auf?«

Mir fällt auf, dass sie es schön grün hat. Üppiges Blattwerk, lauschige Schatten. Offensichtlich sagt ihr mein Gesichtsausdruck, dass mir der Ausblick rein gar nichts sagt. »Sie denken, Sie sind alt?«

»Na ja ...«

»Wissen Sie, was alt ist? Dieser Baum ist alt.« Mit großer Geste deutet sie auf das riesenhafte Unkraut in ihrem Garten. »Dreihundert Jahre. Mindestens.«

»Oh. Heißt das, ich darf mich erst beklagen, wenn ich auch dreihundert Jahre alt bin?«

Sie setzt sich wieder und taxiert mich mit einer hochgezogenen Augenbraue, als zöge sie ernsthaft in Erwägung, dass ich dieses Alter auch irgendwann erreichen könnte. »Denken Sie, er beklagt sich?«

»Wer?«

»Der Baum.«

Der Baum? Okay, allmählich finde ich, sie selbst müsste mal zum Psychiater. Ganz behutsam antworte ich, während ich aus den Augenwinkeln die Fluchtmöglichkeiten abchecke. »Vielleicht beklagt er sich bei seinen Kollegen? Sind die auch so alt? Dann könnten sie sich über ihre Zipperlein austauschen ...«

»Papperlapapp. Reden Sie nicht mit mir wie mit einer

Schwachsinnigen, lieber Herr Richter. Was ich Ihnen sagen will: Alter ist völlig relativ. Ob man alt ist oder jung, hängt zuerst einmal davon ab, wie alt man biologisch überhaupt werden kann. Eine Eintagsfliege hat mittags bereits ihre Midlife-Krise. Ein Mensch steht noch ganz am Anfang seines Lebens. Ein Teenager mit Birkenstock-Sandalen ist vermutlich älter als ein Rentner auf Rollerblades ...«

»Sie sagen mir jetzt nicht im Ernst: Man ist immer so alt, wie man sich fühlt?«

Endlich setzt sie wieder das halb spöttische, halb milde Lächeln auf, das ich inzwischen ganz gern an ihr mag – vor allem, weil ich schon zu viele Gesichtsausdrücke gesehen habe, die ich nicht besonders mag. »Sicher, Herr Richter. Das sage ich Ihnen, und ich sage es ganz im Ernst. Nur dass das nicht alles ist. Der Spruch benennt die Erkenntnis, verhilft aber nicht zu ihr.«

»Könnten Sie das auch für Nichtpsychologen ausdrücken?«

»Das können Sie selbst, lieber Herr Richter.«

»Ach?«

»Ja. Ich habe hier ein Blatt für Sie vorbereitet.« Wie aus dem Nichts zaubert sie plötzlich ein Papier hervor und reicht es mir. »Es ist eine Tabelle. Ich möchte, dass Sie sie ausfüllen.«

Neugierig betrachte ich das Dokument. Doch es ist nichts darauf als eine Reihe von Zahlen. Von zehn bis hundert. In Zehnerschritten. Dahinter jeweils eine Zeile. »Was soll ich denn da reinschreiben?«, frage ich etwas verunsichert.

»Da schreiben Sie rein, wie alt Sie dachten, dass Sie wären, als Sie in dem Alter waren. Das ist für diesmal Ihre Übung.«

Übung 5: Wie alt ich war und wie alt ich mich gefühlt habe.

Wahres und gefühltes Alter

Nichts einfacher als das, dachte ich und nahm die Liste mit nach Hause. Wäre ja gelacht, wenn ich das nicht in zwei Minuten ausgefüllt hätte. Hatte ich dann aber nicht. Denn über so einem seltsamen Dokument kommt man ins Grübeln. Erst einmal heißt es, sich weit zurückzudenken in die Vergangenheit:

10
Mit einem leisen Gefühl von Wehmut schreibe ich »Benni Richter« hinter die Zahl. Denn das war ich mit zehn. Benni Richter. Vierte Klasse. Tischnachbar von Sabine mit den schwarzen Haaren und dem ernsten Gesicht. Tja, wie alt habe ich mich damals gefühlt? Spontan hätte ich gesagt: wie zwölf oder dreizehn! Aber wenn ich vor Sabine stand, die ich bewundert habe, dann wohl eher wie acht oder neun. Ich hatte zwar vor ihr Geburtstag. Aber sie war einfach so viel klüger und schöner und ... ein Mädchen eben. Vielleicht habe ich mich damals »im Mittel« wie zehn gefühlt. Also schreibe ich mal »/10« daneben. Aber ganz sicher bin ich nicht.

20
Yeah. Coole Zeiten. Mit zwanzig lässt man es krachen. Mit zwanzig ist man der King. Mit zwanzig kriegt man die Mädels, fährt Auto, raucht, trinkt Bier und Stärkeres ... O ja, mit

zwanzig war ich gar nicht brav. Jede Nacht um die Häuser, keinen Tag den Wecker gehört. Da fühlt sich das Leben an wie ein einziger Triumphzug. »Ha!«, lache ich und notiere »Ben« und »/30«.

30
Fraglich, ob ich das bei der dreißig auch hinschreiben kann. »Ben« war ich immer noch. Und ich war auch dreißig. Aber hat sich das angefühlt wie dreißig? Es hat sich jedenfalls nicht mehr angefühlt wie zwanzig. Irgendetwas war in den zehn Jahren passiert. Etwas, was mir eine Menge Spaß genommen hat. Ich frage mich, was es wohl war. Immerhin hatten sich doch bis dahin einige meiner Träume und Pläne verwirklicht. Ich hatte tolle Reisen unternommen, mit einer (na ja, fand ich damals) tollen Frau zusammengelebt, Geld verdient und in meinem Job erste Erfolge gefeiert … War es vielleicht das? Hat mir die Erfüllung meiner Träume den Spaß verdorben? Ist das wirklich möglich? Ich lasse die Zeile mal frei und gehe weiter zum nächsten runden Geburtstag.

40
Daran kann ich mich erinnern, als wäre es gestern gewesen. Als ich vierzig wurde, hatte ich zum ersten Mal das Gefühl, jetzt ist das Leben vorbei. Mann, hat mich das gebeutelt! Vierzig! Das fühlte sich an wie hundert. Wie: Alles aus – jetzt kommt nichts mehr, wofür es sich zu leben lohnt. Und wenn ich mich recht erinnere, dann war praktisch jede Karte zum Geburtstag eine Scherzkarte. »40 ist das neue Scheintot« oder »Wer 40 wird, hat nicht genug gesoffen« oder »40 – Es gibt

Schlimmeres. Ihre Unfallchirurgie«. Auf der Party haben sich alle amüsiert. Außer mir. Klarer Fall, denke ich und notiere »Benjamin Richter /70«.

50

Tja, wie alt fühlt man sich mit fünfzig? Erst einmal war das nicht so schlimm, wie vierzig zu werden. Mit fünfzig hat man sich irgendwie schon ein wenig arrangiert. Ich hatte das jedenfalls. Im Job hatte ich einiges erreicht, mein Leben war gesichert, ich war anerkannt und respektiert. Hatte was geleistet, war aber immer noch voll im Saft. Aus heutiger Sicht glaube ich, dass die fünfzig sich vor allem deshalb so locker angefühlt haben, weil ich bis dahin kapiert hatte, dass die vierzig doch nicht das Ende bedeutet hatten und dass das Leben immer noch weitergeht und ganz schön sein kann.

60

Da waren die sechzig schon ein komplizierterer Fall. Denn auch da hatte sich einiges getan. Schönes! Aber auch Untypisches. Ich hatte die Frau meines Lebens gefunden. Wir hatten ein Kind bekommen, ich in ja doch fortgeschrittenen Jahren als Vater. Und ein zweites Kind war unterwegs. Ja, sechzig zu werden, das fühlte sich seltsam für mich an. So ähnlich wie dreißig: Einerseits tobte das Leben und war so großzügig zu mir, dass ich hätte Bäume ausreißen mögen. Sogar im Beruf hatte ich noch einmal ungeahnte Höhen erklommen. Liebe, Glück, Erfolg – was will man mehr! Andererseits wirkt plötzlich alles so furchtbar zerbrechlich. Kann es sein, dass jetzt, doch noch, alles weiterhin gut geht? Dass diese Liebe bleibt? Dass meine Kinder mit einem alten Vater wie mir glücklich werden? Werde ich sie aufwachsen sehen? Kann ich ihnen alles bieten, was Kinder zu Recht von einem Vater erwarten? Und meine Frau? Werde ich für sie da sein können, wie ein Ehemann das sollte? Ja, Glücksrausch und Panik hielten sich die Waage. Wie alt habe ich mich gefühlt? Ich weiß es nicht. Alles, was ich daneben setzen kann, ist ein Fragezeichen.

70
Die siebzig sind in Sichtweite. Wie es mir geht, wie ich mich fühle, das habe ich der Frau Doktor hinreichend dargelegt. Am liebsten würde ich »/100« daneben schreiben. Doch dann zögere ich. Wenn ich jetzt hundert angebe, was schreibe ich dann neben die nächste Zahl?

80
Ob ich die überhaupt erlebe? Weiß das ein Mensch? Nein, wir wissen alle nicht, wie alt wir werden. Wäre natürlich super. Man könnte ganz anders planen. Ich denke da an den Satz von Woody Allen, als er gefragt wurde, ob er Angst vor dem Tod hätte: »Nein, überhaupt nicht. Ich möchte nur nicht dabei sein!« Kluger Mann.

Wer möchte schon wissen, dass er in zwei Jahren nicht mehr lebt. Oder in zehn. Das wäre ja ganz schrecklich. Nein, dann lieber doch nicht. Die sollen mich holen, wann immer es ihnen passt. Ich erkläre mich hiermit einverstanden und möchte es lieber nicht im Vorhinein wissen. Kann ja auch sein, dass ich noch etwas ausfüllen kann, wenn es so weit kommt. Nachdenklich schiele ich auf den Zettel.

90

Puh. Das ist ja schon ein bemerkenswertes Alter. Ich überlege, wie viele Neunzigjährige ich kenne. Nicht so viele. Meine Mutter natürlich. Aber die würde auf der Liste vermutlich immer »/20« angegeben haben. Die ist ja so was von jung und fit. Vor allem im Kopf. Auf die Idee, dass man unter dem Alter irgendwie leiden könnte, ist sie nie gekommen. Aber damit ist sie vermutlich die große Ausnahme. Und jetzt ist sie eine Grande Dame. Eine, die alles erlebt hat und die nichts erschreckt. Sie fühlt sich wie zwanzig, nur ihr Körper hat sie betrogen und ist gealtert, aber sie beklagt sich nicht oder nur selten. So möchte ich im Alter auch sein. Im hohen Alter. Ohne Selbstzweifel. Ohne Zukunftsängste. Ohne Gram über die verlorene Jugend. Immer vorausschauend. Pläne machen. Ohne lange nachzudenken, schreibe ich daneben: »/20«. Und muss grinsen. Vielleicht ist das wirklich so. Wenn man mal richtig, richtig alt ist, dann darf man sich wieder fühlen, wie man will. Und wenn ich hundert werde, dann soll es auch so sein. Und ich notiere: 100/20.

Zögere einen Moment und stelle fest, dass Mathematik doch etwas Wundervolles ist. Denn wenn ich mich mit hundert fühle wie zwanzig und mit siebzig wie mit hundert, dann muss ich mich doch eigentlich mit siebzig auch fühlen wie mit zwanzig. Gewiss, eine seltsame Gleichung. Aber eine, die mir zeigt, wie relativ doch alles Alter ist, ob nun gefühlt oder wirklich.

Wahrscheinlich werde ich nie hundert. Ich sollte aber so leben, als würde ich es. Wenn ich mich jetzt nicht wie zwanzig fühle, dann werde ich es womöglich nie mehr tun. Worauf also warten? Hiermit sei es beschlossen: Ich will mich nicht mehr alt fühlen. Ab sofort fühle ich mich frei, mich jung zu fühlen.

Fitness ist nicht gleich Fitness

Mit einer gewissen Freude nehme ich zur Kenntnis, dass sich in den letzten Jahren auch in der Werbewirtschaft ein deutlicher Wandel vollzieht. Wenn ich morgens die Zeitung aufschlage, fallen mir oft Anzeigenbeilagen entgegen, über die ich mich früher geärgert habe: erstens, weil diese Altpapierattacken eine Belästigung darstellen, zweitens, weil darin ein lächerlicher Jugendkult betrieben wird. Wird? Nein: wurde!

»Schau mal«, sage ich zwischen zwei Schlucken entkoffeiniertem, herzschonendem Kaffee und schiebe meiner Frau die Beilage über den Tisch. »Das ist doch mal ein gut aussehendes Model.«

»Der? Na ja. Er ist mindestens fünfzig.«

»Na und?«

»Er hat schon ganz weiße Haare.«

»Das habe ich auch, mein Liebling.«

»Ja, aber bei dir ist das was anderes.«

»Ach so?«

»Ja. Du bist schließlich mein Schatz.«

Das ist es natürlich, was ein Mann hören will …

»Also, ich finde es gut, dass sie jetzt in der Werbung endlich auch mal Männer bringen, die aussehen wie Männer und nicht wie Teenies auf Anabolika.« Ich deute auf das Anzeigenblättchen. »Siehst es ja selbst: Der reife Mann hat die Werbewirtschaft erobert.«

»Ach, mein Schatz«, sagt sie und kommt auf meine Seite. Setzt sich auf meinen Schoß, verstrubbelt mein Haar und gibt mir ein Küsschen auf die Stirn. »Das ist doch bloß die Werbung für die Zeitungsleser.«

»Wie jetzt?«

»Na, Werbung für die Oldies.«

»Nee jetzt, oder?«

»Doch. Junge Männer lesen keine Zeitung mehr. Die erreicht die Werbewirtschaft nicht mit den Mitteln des 18. Jahrhunderts. Wenn du eine junge Zielgruppe ansprechen willst, dann musst du das im Internet tun. In den Social Networks. Auf Blogs. Mit Bannern und Clips. Und da kannst du den Leuten nicht mit solchen ... Models kommen.«

Betreten ziehe ich den Folder wieder zu mir. »Aber die sehen doch total gut aus. Super in Form, aber oben guckt halt ein Charakterkopf aus dem Anzug raus. Findest du nicht, das hat was?«

»Klar finde ich das. Sonst hätte ich dich ja nicht geheiratet. Aber die wollen den Anzug ja nicht mir verkaufen, sondern dir. Und deshalb haben sie da einen Mann reingesteckt, der irgendwie fünfzig plus ist.«

»Ich bin sechzig plus«, stelle ich fest und winde mich unter meiner Frau hervor, um wenigstens ein klein wenig würdevoll aus diesem Gespräch herauszukommen. »Eher plus plus. Der junge Mann hier ist noch einiges von mir entfernt.«

Sie gibt mir noch einen Kuss und verschwindet wieder auf ihrer Seite des Tisches hinter ihrem iPad. »Jedenfalls ist es für mich mit deinen Jahren wie mit deinen Kilos«, stellt sie leichthin fest, während ich überlege, ob mir jetzt mal kurz übel werden sollte.

»Mit meinen Kilos?«

»Ja. Ich liebe jedes davon.« Kurz guckt sie noch mal auf und zwinkert mir zu. »Und jedes macht dich noch ein bisschen wertvoller.«

Zugegeben, sie hat das am Schluss wirklich ganz nett und liebevoll gesagt. Obwohl ich an meine Kilos ungefähr genauso gerne erinnert werde wie an meine Lebensjahre. Jedes macht mich noch wertvoller? Vielleicht ja wirklich für die Werbeindustrie. Immerhin haben die Alten heute durchschnittlich mehr Geld als früher, und sie leisten sich eher was. Außerdem natürlich für die Schlankheitsindustrie (denn das ist längst eine riesige Industrie geworden). Ich beschließe, das mal etwas näher zu untersuchen.

Kauf dir Jugendlichkeit

Vor dem Spiegel im Bad betrachte ich mich an diesem Tag ganz anders als bisher, nämlich als Konsumenten. Wenn ich mich so ansehe, was würde ich mir gerne kaufen:
Jugend
Frisches Aussehen
Schlankheit
Gesundheit
Dunkles Haar
Scharfsichtigkeit
Gerade Haltung
Fitness

Alles Dinge, die unwiderruflich dahin sind. Möchte man meinen. Aber dann gehe ich der Sache genauer auf den Grund und entdecke, dass das alles möglich ist. Mit Leichtigkeit! Man muss nur tief dafür in die Tasche greifen.

Die Werbung verspricht mir: Fit bis ins hohe Alter! Und

zwar durch Bücher, Kurse, Work-outs. Körperliche Hochleistungsfähigkeit bis ans Grab kann ich mir beim Studio um die Ecke genauso holen wie beim Tanzkurs für Senioren, im Schwimmbad, beim Physiotherapeuten, in evaluierten Kursprogrammen, auf DVD oder im Abo per Online-Kurs.

Wenn ich das alles mache, dann kann ich vermutlich demnächst wieder an den Bundesjugendspielen teilnehmen. Ich muss nur löhnen. Denn die Herrschaften, die das alles anbieten, schlagen ganz schön zu. Ist ja auch klar: Wer im fortgeschrittenen Alter keine anderen Probleme hat, der hat das Geld. Und dann soll er es gefälligst auch rausrücken.

Wobei ich aber den Eindruck habe, dass die richtig fette Kohle woanders kassiert wird: bei der Kosmetik. Da hat sich in den letzten Jahren viel getan. Während man früher nur junge Models gesehen hat und es hauptsächlich um die Haarfarbe ging, geht es jetzt um die Falten – beziehungsweise das Versprechen, dass man sie wegbekommen kann. Auch Männer! Ich gebe zu, das hat mich dann doch neugierig gemacht. Aber als Mann geht man natürlich nicht in die Parfümerie und sagt: »Ich hätte mal gerne eine straffende Hautcreme, die mich ruckzuck zehn Jahre jünger aussehen lässt.«

Zum Glück muss man das auch gar nicht mehr: Man bestellt im Internet! Zwei Tage später ist das Päckchen da, und die Frau fragt natürlich gleich: »Was hast du denn in den Niederlanden bestellt?«

»Oh, nur ein paar Ersatzteile für die Carrera-Rennbahn unseres Sohnes.«

»Ach so.«

Und dann heißt es: ab ins Bad und ausprobieren. »Supervitalizing Hydro-Gel 23-XXZ-P« heißt es da. »For younger and brighter skin within less than 10 days«. Wow. Innerhalb von weniger als zehn Tagen bin ich meine Falten los? Wozu warten? Nachdem ich die Schmiere aufgetragen habe und mir vorkomme wie Zement beim Abbinden, stelle ich fest, dass die Tube, die ungefähr die Größe einer Knopfzelle hat, nur für sechs Anwendungen reicht. Da muss ich doch noch schnell nachordern. Hoffentlich kommt der Nachschub, bevor die Tube alle ist!

Sie kommt. »Schon wieder was für euer Spielzeug«, sagte Beate, als ich nach Hause komme. »Hab ich dir auf die Kellertreppe gestellt.«

Okay, gerade rechtzeitig. Ich schmiere und massiere, während ich gleichzeitig meine Übungen mache, die ich aus einem Online-Kurs gezogen habe, um »20 Prozent weniger Bauchfett in zwei Wochen« hinzubekommen. Meine Frau denkt, ich ächze, weil ich an unserer Modellrennbahn herumschraube. Dabei renke ich mir mit einem Fitnessgerät, das eher aussieht wie ein Folterwerkzeug, gerade Hals- und Steißwirbel aus und frage mich, wie ich mit dem Hexenschuss jemals wieder die Treppe ins Erdgeschoss hochkommen soll.

Das Folterwerkzeug: natürlich ebenfalls im Internet bestellt. Denn wie ich gelesen habe, gibt es eine glasklare Regel für ältere Menschen, die wieder fit werden wollen wie ein Turnschuh: Täglich ins Schwitzen kommen!

Selten habe ich eine Anweisung wörtlicher genommen. Vor allem, wenn ich mir die Rechnungen anschaue, die neuerdings ständig in meinem Online-Briefkasten aufpoppen. Der Kurs, das Trimmgerät, die Kosmetika ... Aber es ist ja für einen guten Zweck. Schließlich will ich meine Jugend zurück. Und das nicht allein für mich, nein! Auch weil es doch schön wäre für meine Frau, einen jüngeren, vitaleren, knackigeren Mann zu haben. Und für meine Kinder einen hippen Youngster als Vater.

Doch die zehn Tage verstreichen. Immerhin hat mein Bauchfett nicht zugenommen. Anders als meine Falten. Die ganze Quälerei hat sich tief in meine Gesichtszüge eingegraben. Unter den Augen blühen dunkle Ringe. Mein Knochengerüst tut mir so weh, dass ich kaum gerade gehen kann. Die Creme, das geht mir langsam auf, wirkt nur, solange sie frisch aufgetragen ist. Dann hat man zehn Minuten lang ein Gesicht wie im Windkanal. Sobald die Schmiere eingezogen ist, ist der Effekt weg und die Falten sind tiefer als vorher.

Mühsam schleppe ich mich die Kellertreppe hoch und lasse mich auf den Küchenstuhl sinken. Meine Frau, die gerade vom Einkaufen gekommen ist, sieht mich sorgenvoll an.

»Benjamin, ist alles in Ordnung?«

»Alles bestens, mein Liebling.«

»Du siehst schlimm aus. Hast du mal deine Augenringe gesehen?«

»Zu wenig Schlaf«, schwindle ich.

»Papperlapapp. Wenn wir ins Bett gehen, dann knipse ich praktisch deinen Schlaf mit ein, sowie ich das Licht ausknipse.« Sie sagt das ein wenig mit Vorwurf in der Stimme. Ich kann es verstehen. Denn nicht jede Frau will ja jede Nacht augenblicklich schlummern, wenn sie die Bettdecke lupft. »Nein, nein«, stellt sie fest. »Das ist was anderes.«

O nein, sie hat es die ganze Zeit gewusst? Sie ist mir auf

die Schliche gekommen? »Du hast einfach nicht die nötige Fitness«, sagte sie und greift nach ihrem iPad. »Dieses untätige Herumsitzen macht dich schlapp. Es wird Zeit, dass wir einen guten Fitnesskurs für dich finden.«

Sechste Sitzung, Freitag, der 17.

»Sie sehen entspannt aus, Herr Richter«, stellt Frau Doktor Faust fest. »Das freut mich.«
»Danke. Mich auch.«
»Wollen wir ein wenig draußen spazieren gehen?«
»Äh, ja, spricht nichts dagegen.«
Wir gehen also durch die Terrassentür hinaus in den parkähnlichen Garten, in dem die dreihundertjährigen Bäume stehen. Sie erinnern sich?
»Erzählen Sie.«
»Ich habe meine Übung gemacht«, sage ich und klinge ein bisschen wie Klein Benni, der die Hausaufgaben erledigt hat.
»Sehr schön. Sie wirken, als hätte es Ihnen etwas gebracht.«
»Ehrlich gesagt, war ich am Anfang ein bisschen, na ja, sagen wir: genervt von der Idee.«
Sie nickt, aber sie sagt nichts. Stattdessen bleibt sie stehen und blickt hinauf in das grüne Blätterdach und leistet sich ein ganz und gar befreites Lächeln. »Aber dann«, fahre ich fort, »dann habe ich es mal ausprobiert. Und ich habe was entdeckt.«
»Nämlich?«
»Man ist immer so alt, wie man sich fühlt.« Noch ehe sie

nachfassen kann, stelle ich klar: »Ich meine das jetzt gar nicht so, wie man es immer dahinsagt. Es ist vielmehr so: Wenn man jung ist, denkt man, man wäre älter. Aber wenn man richtig alt ist ...«

»Ja? Was denkt man dann?« Jetzt sind ihre klugen Augen ganz auf mich gerichtet.

»Dann kann es einem passieren, dass man so wird wie meine Mutter.«

»Die noch lebt?«

»Die noch lebt.«

»Und sich wie alt fühlt? Was meinen Sie?«

»Wie zwanzig. Garantiert.«

»Also jünger als Sie.« Sie nickt und kehrt wieder mit mir um.

»Aber hallo«, sage ich. »Sie könnte meine Enkelin sein. Gefühlt.«

»Und was hat diese Erkenntnis mit Ihnen gemacht?«

»Sie hat mir verdeutlicht, dass es auf und ab geht. Sehen Sie, mit dem wahren Alter ist es simpel, da gibt es immer nur in eine Richtung: ansteigend. Aber das gefühlte Alter, das ändert sich, und zwar in beide Richtungen. Wenn man das erst einmal entdeckt hat, dann gibt einem das so etwas wie Hoffnung!«

»Guter Punkt.« Sie kehrt zurück ins Haus, und ich stapfe hinter ihr her wie ein junger Hund. »Es ist zwar nicht exakt das, was ich Ihnen verdeutlichen wollte«, sagte sie, als wir wieder sitzen. »Aber es ist ein sehr nützlicher Schritt für unsere Arbeit.«

»Oh«, entgegne ich. »Was wollten Sie mir denn verdeutlichen.«

»Spielt das eine Rolle?«

»Vermutlich eher nicht«, gebe ich zu. Denn besser kann

es ja gar nicht sein als das, was ich herausgefunden habe. Und während ich noch überlege, ob ich jetzt auch unter die psychologischen Berater gehen oder zumindest einen Ratgeber schreiben sollte, formuliert sie meine Übung für diesmal: »Es ist Zeit, dass Sie Ihr Testament machen, Herr Richter.«

»Mein ... Testament?« Schluck! So schnell war ich noch nie von hundert auf null. Eine Vollbremsung mithilfe einer Hauswand ist nichts dagegen. »Ich dachte ...« Ja, was dachte ich? Dass ich jetzt wirklich zwanzig bin? Dass ich auch mindestens neunzig werde? Dass meine Mama schon auf mich aufpassen wird?

»Nicht das, was Sie denken, lieber Herr Richter«, erklärt die schöne Psychologin begütigend. »Eher in dem Sinn, in dem es Ihre Mutter machen würde.«

»Aber Sie kennen meine Mutter doch gar nicht.«

»Sagten Sie nicht, sie fühlt sich ganz sicher wie zwanzig?«

»Ja, schon ...«

»Und wie würde ein Zwanzigjähriger sein Testament machen?«

»Ich weiß nicht.«

»Wie wär's mit: ganz anders?«

Ich glaube nicht, dass ich oft gucke wie Brot. Aber in dem Fall muss ich wohl so geguckt haben. Vollkommen ahnungslos, was die Frau will. Ein Testament – und zwar »ganz anders«? Was zum Teufel ...

»Ja«, sagt sie. »Genauso sollen Sie es machen. Ich möchte, dass Sie mal alles vergessen, was Sie eigentlich bei einem Testament im Kopf haben würden. Denken Sie nicht an Ihre Verantwortung, an die Endlichkeit des Lebens, an den Besitz, den Wert der Dinge, an die Vergänglichkeit, an die Familie und was aus ihr wird. Alles das sind Dinge, die Sie unfrei machen. Das alles engt Sie ein, und zwar umso mehr, je älter Sie werden. Normalerweise würden Sie deshalb Ihr Testament immer für die anderen machen. Sie sollen es aber *für sich* machen. Nur so als Übung. Glauben Sie mir: Sie werden eine Menge über diese anderen herausfinden. Und über sich selbst. Über Ihr Leben. Wie es ist und wie es sein könnte.«

Übung 6: Ein Testament, aber ganz anders.

Mein vorletzter Wille

Ein Testament zu machen ist gar nicht so einfach. Vermutlich ist das der Hauptgrund, weshalb ich es all die Jahre vor mir hergeschoben habe – und dass ich immer noch keines gemacht habe. Und nun soll es auch kein »normales« Testament werden, sondern ein »ganz anderes«. Was immer sich Frau Doktor darunter vorstellt ... ich finde, ich muss mir erst einmal Gedanken machen, wer in meinem Testament vorkommen sollte. Meine Frau natürlich und die Kinder. Ich schreibe also »Beate« auf und »Clara«, »Dustin« und »Ryan«. Am besten mache ich erst einmal vier Spalten, da kann ich alles reinschreiben, was ich auf diese vier verteilen will. Nun gut, meine Mutter muss natürlich auch in meinem Testament stehen, denn wer weiß, vielleicht werde ich morgen von einem Campingbus plattgefahren und Mama lebt noch zwanzig Jahre fröhlich in Spanien. Fünf Spalten also. Das heißt, sechs. Denn wenn ich meine Mutter schon aufnehme, dann muss ich auch Tante Assi etwas vermachen. Und natürlich meinem Freund Didi, der mich seit meiner Jugend begleitet und alle meine Aufs und Abs mitgemacht hat. Langsam wird es unübersichtlich, und mir geht der Platz für Spalten aus. Also beschließe ich, neu anzufangen und zunächst eine Liste von Menschen aufzuschreiben, die etwas bekommen sollen. Natürlich meine liebe Renate Schuster, die mich im Beruf viele Jahre unterstützt hat. Und mein Bruder Christian. Den habe ich zwar seit drei Jahren nicht mehr gesehen, und seit mindestens acht Jahren haben wir nicht mehr miteinander gesprochen. Aber, hey, er ist nun mal mein Bruder. Viel näher verwandt kann man ja gar nicht sein.

Nach einer halben Stunde stehe ich bei einer Liste von achtundzwanzig Personen. So viel Zeug hab ich ja kaum zu vererben, dass da jeder was Gescheites bekäme. Zumal natürlich die echten Vermögenswerte an Frau und Kinder gehen müssen. »Alles Geld bekommt Beate«, schreibe ich auf. »Das Haus erben Beate, Clara, Dustin und Ryan zu gleichen Teilen«, notiere ich. Doch dann fällt mir ein, dass das Haus ja Beate sowieso schon zur Hälfte gehört. Klar. Also ändere ich das in »meinen Anteil am Haus ...« Andererseits: Wenn Beate ohnehin schon die Hälfte hat, wäre es dann nicht vernünftig, die andere Hälfte ginge an die Kinder? Und was heißt das überhaupt: das Haus. Sind damit auch die Möbel gemeint? Spontan würde ich sagen: Sicher! Alles komplett. Nur so macht es Sinn. Andererseits hätte ich die Kommode im Schlafzimmer gerne Onkel Harry vermacht. Der ist der Einzige, der etwas von Antiquitäten versteht. Eigentlich sollte ich sie ja meiner Mutter vermachen. Schon rein aus Gehässigkeit. Sie hat das Ding immer ausdrücklich scheußlich gefunden, obwohl sie wusste, dass ich es liebe. Es geschähe ihr recht, wenn sie sich den Kasten in Zukunft ins eigene Schlafzimmer stellen müsste. Aber müsste sie das eigentlich? Ich rufe meinen alten Freund und Anwalt Mark an. »Sag mal, wenn ich meiner Mama was vererbe, muss sie das dann auch so benutzen, wie ich es in meinem Testament schreibe?«

»Alles gut bei dir?«, fragt er besorgt.

»Alles bestens, wieso?«

»Na, wegen dem Testament natürlich.«

»Aber du sagst doch selbst immer, ich soll endlich eines machen.«

»Hm. Und du vermachst deiner *Mutter* etwas? Das klingt nicht, als hättest du vor, sie zu überleben. Dir fehlt doch nichts?«

»Nein, keine Sorge. Ich übe nur.«

»Du übst.«

»Ja. Testament machen.«

»So so. Aber du weißt, dass das, was drinsteht, gefährlich ist? Wenn du nachher aus dem Haus gehst und von einem Campingbus überfahren wirst, dann sollte kein Wisch von dir herumfliegen, den du nicht ernst gemeint hast. Denn der gilt.«

Interessant, dass er auch auf den Campingbus gekommen ist. Ich sollte mich vor Wohnmobilen hüten. »Alles klar. Und?«

»Und was?«

»Muss sich meine Mutter dran halten?«

»Sie kann die Erbschaft ausschlagen. Dann muss sie sich nicht dran halten.«

»Verstehe. Aber wenn sie sie annimmt?«

»Dann normalerweise zu deinen Bedingungen.«

»Wunderbar, Mark, besten Dank!« Ich lege auf und schreibe genüsslich: »Kommode + 1000 Euro« neben den Namen meiner Mutter. Nun kann sie entweder den Tausender ausschlagen und die Kommode dazu – oder sie stellt sich das Ding ins

Schlafzimmer. Ich weiß genau, was sie tun wird! Denn auf die tausend Euro wird sie nie und nimmer verzichten.

Tante Assi erbt auch tausend Euro – und den Hund. Hähä. Wie oft hat sie sich mokiert, dass wir so dämlich sind, uns dieses Vieh anzutun. Sicherheitshalber mache ich zweitausend Euro draus. Soll sie mal sehen, wie das mit so einem Köter ist. Obwohl: Eigentlich täte ihr der kleine Kläffer ganz gut. Sonst sitzt sie ja doch nur alleine in ihrer Wohnung herum und guckt Nachmittagsfernsehen.

Mein Bruder bekommt meinen neuen iMac. Er kommt ja nicht mal mit seinem Handy zurecht, aber ein bisschen Rache muss schon sein. Schließlich war er es, der mir, als ich noch nicht schwimmen konnte, heimlich die Luft aus meinen Schwimmflügelchen gelassen hat.

Onkel Harry kann den Porsche haben, nein, lieber die Skier, aber ohne die Stöcke. Der hat mir damals auch immer

nur halbe Geschenke gemacht. Da bekam ich eine Musikkassette, obwohl ich kein Abspielgerät hatte, oder eine Luftpumpe, obwohl ich kein Fahrrad besaß. Den Porsche möchte vielleicht irgendwann Ryan, wenn er alt genug ist. Damit kann er dann die Mädchen beeindrucken und eine Spritztour mit ihnen unternehmen …

Wenn ich mir meinen Sohn im Porsche vorstelle, dann sehe ich mich in seinem Alter. Das möchte ich nicht riskieren, dass er fährt wie ich damals. Der Porsche ist bei Opa Lothar definitiv besser aufgehoben. Und wenn es ihm hilft, auf seine alten Tage doch noch mal seine ollen Hormone in Schwung zu bringen, umso besser. Vielleicht kann ich so zwei Fliegen mit einer Klappe schlagen, und meine Schwiegermutter hat auch was davon. Weniger vom Porsche als von den Hormonen.

Langsam komme ich in Fahrt, verteile all meine Güter. Großzügig, hintersinnig, böswillig. Was man mit dem Krempel alles anfangen kann! Belohnen, bestrafen, in Gewissensnöte bringen, dass es eine wahre Freude ist. Als mich meine Frau Stunden später im Dämmerlicht am Schreibtisch findet, ist sie überrascht. »Schatz? Kommst du nicht zum Essen?«

»Ist es schon fertig?«

»Wir haben dich viermal gerufen.«

»Oh. Entschuldige. Ich bin gleich da.«

»Was machst du denn da so Spannendes?«

»Ich … ähm … ich entwerfe mal so was wie ein … Testament.«

Zu meiner Überraschung schimpft sie nicht, sondern kommt auf mich zu und legt ihren Arm um mich. »Wirklich? Das ist aber lieb, dass du dich um die Zukunft sorgst.«

Sie muss ja nicht wissen, dass es nicht meine Idee war. »Na ja«, sage ich. »Schadet ja nicht, wenn man mal ein wenig darüber nachdenkt.«

»Aber Schatz, wenn das Testament in Kraft tritt, bist du tot und hast somit keine Zukunft mehr!«

»Äh …«, mehr fällt mir zu dieser Logik nicht ein.

»Ich hoffe, du hast auch an mich gedacht.« Sie beugt sich zu mir runter und gibt mir einen sanften Kuss auf die Wange.

»Gibt es denn etwas, was dir besonders wichtig wäre?«, frage ich und hoffe, sie sieht all die Albernheiten nicht, die mir eingefallen sind.

»Du meinst, außer dass ich mir wünsche, dass wir dieses Papier viele, viele Jahre nicht brauchen? Nein.« Sie wuschelt meinen Kopf und geht zur Tür. »Ich hab die Kinder. Alles andere ist unwichtig.« Und während ich noch nach Luft ringe, weil ich meine Frau so unglaublich klug und bewunderns-

wert finde, schließt sie die Tür und öffnet sie noch einmal. Sie steckt den Kopf herein und zeigt mit dem Finger auf mich. »Aber Tante Assi bekommt den Köter.«

Wie alt werde ich?

Je mehr man sich mit dem Thema Alter und Altern beschäftigt, umso irrer sind ja die Erkenntnisse, die man dabei gewinnt. Schon allein, was sich die Leute alles rund ums Älterwerden ausdenken! Es gibt die verrücktesten Angebote. Für alles. Ganze Industrien haben sich inzwischen darauf gegründet. Und während die einen mit der Angst spielen (Was, wenn ich krank werde? Werde ich genug Geld haben für einen gesicherten Ruhestand? Was kann ich tun, damit ich nicht zu früh ins Gras beiße?), tun die anderen so, als ginge es nur ums Partymachen (Die besten Golfplätze für Senioren! Relaxen und genießen in den besten Jahren! Fit und potent bis ins hohe Alter!). Und ich bin ja selbst hin- und hergerissen, weil ich nicht weiß, wie ich mit alldem umgehen soll. Also recherchiere ich, wälze Bücher und Zeitschriften, surfe im Internet – und bleibe auf einmal an etwas ganz besonders Skurrilem hängen: der Altersrechner. Kein Witz! Da werden Fakten aufgezeigt, deren Wichtigkeit ich nie geahnt hätte. Wussten Sie beispielsweise schon, dass Sie mit zwölf Jahren, neun Monaten, vier Tagen und zwölf Stunden teuflische 666 Wochen auf dieser Welt verweilen? Oder dass Sie mit fünfzig Jahren bereits über 1,5 Milliarden Eintagsfliegen überlebt haben?

Neugierig lese ich weiter. Tatsächlich stellt sich heraus, dass es offenbar ein Bedürfnis gibt herauszufinden, wie alt man ist. Wie alt man ist? Ja! Es scheint Menschen zu geben, die das nicht ausrechnen können (und die scheinbar auch nicht mitgezählt haben). Wenn ich im Altersrechner mein Geburtsdatum eingebe, dann erfahre ich, wie alt ich bin.

Wollte ich das wirklich so genau wissen? Viel interessanter wäre doch herauszufinden, wie alt ich werde. Auch dafür aber gibt es inzwischen ein Wunderwerkzeug. Es nennt sich zum Beispiel »Symptomat« und rechnet für mich aus, wie viele Jahre ich noch habe.

Neugierig geworden, gebe ich alles ein, was die Maschine von mir wissen will: natürlich zunächst mein Alter (zum Glück gibt's den Altersrechner). Und das Geschlecht (würde mich ja interessieren, ob man das inzwischen auch per Internet bestimmen kann; ich schaffe es Gott sei Dank noch ohne digitale Unterstützung). »Leiden Sie an Übergewicht?«, will das Formular von mir wissen. Und ich frage mich: Was ist gemeint? Soll ich jetzt angeben, dass ich ein paar mickrige Kilogramm zu viel auf den Rippen habe? Ändert sich ja auch immer mal wieder (meist leider Richtung nach oben). Oder wollen die wissen, ob ich darunter leide? Vielleicht habe ich ja ein kleines Pölsterchen hier oder dort. Aber ich will mir eigentlich nicht einreden lassen, dass ich darunter leide. Andererseits: Das ist hier bestimmt vor allem eine physiologische Frage. Vorsichtig klicke ich auf Ja.

»Essen Sie mehr Fleisch oder mehr Obst und Gemüse?« Was ist das denn für eine Frage! Und dann die möglichen Antworten: »mehr Fleisch – mehr Obst und Gemüse – beides gleich viel«. Hm. In meinem Fall müsste ich vielleicht ankreuzen »beides gleich viel«. Knifflige Angelegenheit, dieser Fragebogen. Und es dämmert in mir der Verdacht, dass diese Fragestellung allein schon so viele Hintertürchen öffnet, dass die immer fein raus sind, wenn es am Ende doch nicht gestimmt hat und der Kunde nach Verkündung des Testergebnisses statt der angekündigten zehn Jahre nur noch zehn Sekunden lebt. Also gut: »beides gleich viel«. Immerhin steckt ja das Wörtchen »viel« da drin.

»Treiben Sie Sport?« Schon wieder so ein Gewissensding. Sport in dem Sinne, dass ich ins Fitnessstudio gehe oder jeden Morgen meine Bahnen im Schwimmbad ziehe, sicher nicht. Sport in dem Sinne, dass ich ständig die Treppen rauf- und runterrenne, hinter meinen Kindern herräume, vom Flieger zum Taxi hetze und von dort ins Hotel und alles wieder zurück – aber hallo! Ich gebe also »ja, gelegentlich« an, denn für »ja, regelmäßig« scheint es mir irgendwie nicht exakt das zu sein, was den Erfindern dieses Altersrechner vermutlich vorschwebte.

Dann natürlich die unvermeidliche Frage: »Sind Sie oft in der Natur?« Ha! Got you! Endlich mal etwas, wozu die Anschaffung unseres kleinen Kläffers, mit dem mich meine Frau und die Kinder böse überrascht haben, nütze ist. Denn wer rennt mit der Töle jeden Tag zweimal vor die Tür? Papa natürlich. Die anderen sind viel zu beschäftigt. Mit Nichtstun. Die könnten ruhig auch mal die Beine schwingen und ein bisschen an ihrer eigenen Lebenserwartung arbeiten. Stattdessen hechle ich hinter dem Hechler her und muss ihn ständig vor jedem noch so winzigen Hündchen hoch nehmen und ihn vor jeglichen »Schnüffelversuchen« seiner tierischen Kollegen schützen. Unser Hund hat nämlich eine ausgeprägte Hundephobie. Was habe ich mir da schon alles anhören müssen! Aber bitte: Endlich weiß ich, wozu es gut ist. Genüsslich klicke ich auf Ja. Und weiter geht's zur nächsten Frage: »Trinken Sie eher häufig oder eher selten Bier, Wein oder Schnaps?« Obwohl ich hier mit größter Gewissenhaftigkeit ohne Weiteres »nie oder sehr selten« anklicken kann, irritiert mich die Frage. Kann man das so pauschal fragen? Was, wenn einer eher häufig Bier und eher selten Schnaps trinkt? Oder umgekehrt? Zählt ein Medikament auf der Basis von 60-prozentigem Alkohol auch zu den Schnäpsen? Ich denke schon. Einerseits. Andererseits nimmt man davon nur ein paar Tropfen. Die jedoch wiederum täglich, ja vielleicht sogar täglich mehrmals ... Sehr fragwürdige Frage, das. Gottlob in meinem Fall nicht so bedeutsam, zumal meine Medikamente alle auf Tablettenbasis funktionieren.

Auch die »Rauchen Sie?«-Frage kann ich getrost mit Nein beantworten. Was bin ich doch für ein gesunder, disziplinierter Mensch! Allein diesen Test zu machen tut gut, und man fühlt sich augenblicklich ein paar Jahre jünger. Ich liebe es!

Kompliziert wird es beim nächsten Punkt: »Sind Sie berufstätig?« Da gibt man nun nicht Ja oder Nein an, sondern hat die Auswahl zwischen Selbstständig, Angestellter, Arbeiter, Arbeitssuchender, Künstler und Rentner. Boah, was für eine Mischung! Spontan frage ich mich, wer sich die ausgedacht hat. Lebe ich dreimal länger oder dreimal kürzer, wenn ich nun drei Kreuzchen mache? Schließlich bin ich Künstler, und zwar selbstständiger Künstler. Rentner bin ich auch schon. Und wenn man es genau nimmt, bin ich sogar ständig »Arbeitssuchender«, denn alle Freiberufler sind ja ständig auf der Suche nach neuen Aufträgen und Aufgaben. Aber so ist es vermutlich nicht gemeint. Gemeint ist »Arbeitsloser«. Klingt nur neuerdings so diskriminierend. Interessant auch, dass der Künstler nach dem Arbeitssuchenden kommt. Immerhin kommt er noch vor dem Rentner. Der ja eigentlich auch ein Pensionär sein könnte. Überhaupt: Was ist mit den Beamten? Ich bin sicher, die leben von uns allen am längsten. Schieben bekanntlich immer eine ruhige Kugel und haben einen sorgenfreien, gesicherten Lebensabend. Was würde ich denn jetzt angeben, wenn ich Beamter wäre? Seufzend klicke ich auf Rentner und gehe weiter.

»Welcher Gemütstyp sind Sie? (ungefähr/annähernd)«. Tja, das hängt natürlich ganz von der Tagesform ab. Was ist denn geboten? Ich kann mich entscheiden zwischen »eher reizbar & erregbar« und »eher traurig & nachdenklich«. Meine Güte, das bin ich irgendwie alles. Außerdem gäbe es noch »eher passiv & schwerfällig« oder »eher heiter & aktiv«. Tja, passiv und schwerfällig bin ich mal nicht, das steht fest. Reizbar bin ich gerne, aber nicht immer. Nachdenklich? Ist ja wohl offensichtlich, sonst würde ich den bescheuerten Test doch nicht machen. Heiter und aktiv, das trifft es doch wohl am besten! Einerseits. Andererseits: Wenn ich an Frau Doktor Faust denke. An meine Altersdepression. An meinen Meniskus links und den Schleimbeutel rechts ... Gerne würde ich angeben »schwer aktiv, gerne heiter, nur manchmal traurig und an bestimmten Körperregionen auch gerne reizbar & erregbar (ungefähr/annähernd)«. Geht aber leider nicht. Also gebe ich mal ganz feige »eher heiter & aktiv« an, weil ich mir denke, so lebt man doch am längsten, oder?

Womit ich voll in die Falle gelaufen bin! Denn die nächste Frage lautet: »Wie selbstbewusst sind Sie?« Wenn ich mir gerade eben nicht selbst so geschmeichelt hätte, dann könnte ich jetzt wohl »sehr selbstbewusst« angeben. Aber so reicht es, wenn ich beide Augen für mich zudrücke, doch bloß für ein »normales Selbstbewusstsein«.

»Sind Sie glücklich mit Ihrem Leben?« Beantworten Sie das mal! Waren Sie heute Morgen glücklich, als es mit dem Stuhlgang nicht geklappt hat? Oder vorhin, als Ihnen beim Einparken so ein selbst ernannter Stadtrallye-Fahrer mit mattlackiertem Mazda und vier Auspuffrohren den Parkplatz vor der Post weggeschnappt hat? Oder als der Postler Ihnen nach zwanzig Minuten in der Schlange eine Werbesendung über den Tresen geschoben hat? Oder gestern, als sie den Kasten Mineralwasser vor der Haustür samt Hexenschuss in den Hauswirtschaftsraum geschleppt haben? Immerhin zwanzig Meter, wenn auch ohne Steigungen.

Wer ist schon »mit seinem Leben« glücklich? Das ist doch etwas, was sich täglich ändert. Ach was, täglich, minütlich! Vorhin hat mir meine Frau unerwartet den Nacken gekrault. Einfach so. Da war ich glücklich! Und meine pubertierende Tochter hat mir freudestrahlend ihre vier minus in Mathe unter die Nase gehalten (Sie kennen die Noten nicht, die sie sonst hat). Das sind die wahren Glücksmomente! Dafür lebt man doch! Ich muss an Frau Doktor Faust denken. Was würde sie antworten? Sie würde wahrscheinlich sagen: »Sind Sie denn so unglücklich? Gibt es denn so wenig Licht in Ihrem Leben?« Nein, gibt es natürlich nicht. So wenig, meine ich. Es gibt natürlich viele schöne Dinge. Meine Familie. Mein Beruf. Meine Erlebnisse. Die Urlaube. Im Garten sitzen. Ein Glas Rotwein trinken (was nicht sehr oft vorkommt, s.o.). Der Duft von frisch gemähtem Gras. Ein Waldspaziergang (sogar mit der Töle). Wenn ich morgens neben meiner Frau aufwache ... Mann, was geht's mir gut! Sehen Sie, sagt in meinem Kopf die Psychotante, das ist Glück. Klar, denke ich meinerseits, isses! Und kreuze Ja an und mache im Geiste drei Ausrufezeichen dahinter, weil man ja auf diesen bescheuerten Bildschirmoberflächen nur das machen kann, was vorgegeben ist. Und auf zu den letzten Punkten:

Zufrieden mit der Ehe? Ich bitte Sie, wer, wenn nicht ich! Finden Sie sich selbst gut aussehend? Hä? Was ist das mal wieder für eine bescheuerte Frage? Immerhin gibt es die schöne Antwortmöglichkeit: »Ich sehe ganz normal gut aus.« Gefällt mir. Heißt doch irgendwie, dass jeder, der normal aussieht, gut aussieht, oder? So soll es sein. Wie viele echte Freunde ich habe? 1 bis 2, 3 bis 5, mehr als 5? Welcher intelligente Mensch hat mehr als fünf echte Freunde? Und was um alles in der Welt hat das mit meiner Lebenserwartung zu tun?

Eltern jung gestorben? Schon mal eine schwere Krankheit gehabt? Nun ja, was man eben alles so hat und weiß. Ich mache meine letzten Klicks und überlege kurz, ob ich wirklich auf das letzte Feld gehen soll: »Wie alt werde ich? – Lebenserwartung berechnen.«

Ganz ehrlich: Ich hätte es nicht getan. Aber nachdem ich jetzt schon die ganze Geschichte erzählt habe, wollte ich Sie nicht um die Auflösung bringen. Nun denn: Meine Restlaufzeit beträgt laut Computer 6205 »gute Tage«, ich werde also fünfundachtzig Jahre alt. Interessant finde ich, dass offenbar nur die »guten Tage« gezählt werden. Offenbar schreibt mir der Altersberechner die Tage gut, an denen es beschissen läuft. Was will man mehr! Ich habe also noch fast zwanzig Jahre vor mir – wenn mir nicht vorher ein Blumentopf auf den Kopf fällt oder ich zum normalgewichtigen Vegetarier-Vollrentner werde (dann legt mir die Maschine nämlich noch bis zu vier Jährchen drauf, wie ich festgestellt habe).

Gesundheit!

Wenn man so launig über das Alter nachdenkt, dann liest sich das alles sehr amüsant. Aber wenn wir ehrlich sind, dann gibt es doch durchaus auch ernste Themen, bei denen es schwerfällt, sie humorvoll zu betrachten. Nehmen wir zum Beispiel die leidige Sache mit der Gesundheit. Um die steht es ja mit zunehmendem Alter normalerweise nicht besser. Vielmehr zwickt und zwackt es an allen Ecken und Enden. Mein Kegel-Stammtisch klingt an manchen Abenden wie eine Afterwork-Besprechung des Klinikums Buxtehude (falls es dort eines gibt). Es geht um alle möglichen Zipperlein.

»Was, du hast noch deinen Meniskus?«

»Ich hab nicht mal mehr die Kniescheibe.«

Natürlich ist es eine ernste Sache, wenn der Blutdruck wie der Reifendruck beim Auto ist und man beim Aussteigen aus der Karre nicht weiß, ob es jetzt der Auspuff war oder man selber. Je älter man wird, umso selbstständiger werden nicht nur die Kinder, sondern auch der Körper. Nur dass der sich immer mehr benimmt wie die lieben Kleinen: Er tut einfach nie, was er soll. Wenn man mal voll bei der Sache sein sollte, überfällt einen die Müdigkeit wie eine Hunnenhorde. Dafür liegt man nachts stundenlang wach. Will man sich an die Weiblichkeit in Form meiner Frau ranschmeißen, schaltet er auf Tiefenentspannung. Hätte man Zeit für Entspannung, grüßt der Wadenkrampf.

»Du brauchst Magnesium«, weiß mein Kumpel Didi. »Am besten fünfhundert Milligramm. Täglich. Jeden Morgen!«

»Morgens«, erwidert Volker. »Du spinnst. Magnesium muss er abends nehmen. Dann kann er entspannter schlafen.«

»Also, mir geht das auf die Morgenlatte«, erklärt Hannes abgeklärt und schiebt die Kugel an.
»Wie jetzt?«, frage ich. »Du wirst geil von Magnesium?«
»Eben nicht. Magnesium *entspannt*.«
»Oh.«
Natürlich geht es auch ständig darum, wessen Prostata größer ist, um den höheren Blutzuckerspiegel, die längere Physiotherapie, wer mehr Tabletten schluckt und länger auf seinen Arzttermin warten muss. Es ist bei uns ständig eine Art Gruselkabinett-Wettstreit der Medizin. Manchmal denke ich, sie sollten da ruhig ein paar Studenten dazusetzen. Die könnten was lernen. Über Beschwerden, Medikation, aber natürlich auch über Hypochondrie. Vor allem von, na ja, mir.

Ich höre im Radio einen Beitrag über Osteoporose – und schon tun mir alle Knochen weh. Ich lese einen Artikel über Nagelbettentzündungen und traue mich nicht mehr in die Öffentlichkeit. Das Schlimme ist: Ich kann nicht wegschalten und nicht wegschauen. Und das Allerschlimmste: Ich suche geradezu danach. Neulich zum Beispiel fiel mir eine Programmzeitschrift einer großen Veranstaltung in die Hände, in der es auch um zahlreiche medizinischen Fragen im Alter ging. Musste ich natürlich intensiv studieren!

Allerdings muss ich an der Stelle sagen, dass mich dieses Blatt hoffnungslos überfordert hat. Wenn man das gelesen hat, schreckt einen nicht mal mehr unser Kegelabend. Was die sich alles haben einfallen lassen – so krank kann kein Mensch werden. So gesund übrigens auch nicht. Denn die wollten auf dem Kongress ja nicht nur Angst und Schrecken verbreiten (was ihnen zweifellos gelungen ist), sondern auch Geschäfte machen. Und dazu muss man Lösungen anbieten, selbst wenn es solche für Probleme sind, die es gar nicht gibt. Klar, manches ist schon wirklich wichtig. Aber wenn man sich das ansieht, irre, was da geboten wird: Metabolic Balance, Ayurveda, Jin Shin Jyutsu (ich dachte bisher, das sei eine Kampfsportart), Traditionelle Chinesische Medizin, Schüsslersalze (besonders beliebt bei meiner Schwiegermutter), Kinesiologie, geistige Fitness durch Jonglieren (ich bitte Sie!), Anti-Aging-Methoden (irgendwie ist es dafür jetzt schon zu spät), Selbstheilungskräfte aktivieren, Homöopathie, Arthrose, Darmgesundheit, Wirbelsäulenfitness, Zahngesundheit (90 Prozent meiner Kegelkumpel haben gar keine Zähne mehr), Augenlasern, gesunde Haut, Therapien bei AMD, Osteoporose … Und das war nur ein Absatz einer langen Liste! Sachen gibt's, von denen hat man noch nie gehört – und will auch gar nicht von ihnen hören oder lesen. Schon gar nicht als Hypochonder.

Man sagt ja, Hypochondrie sei ein gerade unter älteren Menschen weitverbreitetes Phänomen. Kann ich nicht bestätigen. Ich war schon immer hypochondrisch, das habe ich von meiner Mutter geerbt. Als ich die zweiten Zähne bekommen habe, dachte ich, ein Alien kommt aus meinem Kiefer. Hypochondrie ist die Pest.

Aber sie ist heilbar! Ein Informations-Overkill wie die besagte Broschüre kann Wunder wirken. Es scheint so, dass die Psyche die Möglichkeiten, sich eine Krankheit einzubilden, ab einer bestimmten Menge nicht mehr verarbeiten kann. Und dann kommt es zur Spontanheilung! Ich jedenfalls bin seither frei von Symptomen. Sie haben Arthritis? Kann mir nichts anhaben. Meinen Nachbarn plagt die Gicht. Hab ich längst hinter mir. Hormonwerte im Keller? Dafür sind die Cholesterinwerte Bombe! Nein, mich macht all das nicht mehr krank.

»Schatz?«
»Ja?«
»Da liegt eine Zeitschrift auf dem Klo.«
»Aha. Und?«
»Ich habe dir einen Artikel aufgeschlagen. Muss du unbedingt lesen.«
»Um was geht's denn darin?«
»Altersstarrsinn.«
Nee, interessiert mich nicht, da bin ich stur!

Fitness!

Mit jedem Lebensjahr, das mir der liebe Gott schenkt, schenkt er mir – gefühlt – eine Verzehnfachung der Mahnung »Fitness ist wichtig!«. Natürlich ist Fitness wichtig. Aber ist sie das nicht für jeden, egal, wie alt er ist? Ich höre meine Frau sagen: »Aber je älter man wird, desto wichtiger ist sie!«
»Mag sein. Aber wenn es so was wie ein gefühltes Alter gibt, muss es dann nicht auch so was wie gefühlte Fitness geben?«
»Nein, Schatz, gibt es nicht. Fitness ist etwas Objektives.«
»Finde ich nicht.«
»Sondern?«
»Sondern, es gibt mindestens so was wie eine Wohlfühlfitness.«
»Wohlfühlfitness?«
»Ja. Passend zum Wohlfühlgewicht.«
»Lass mich raten. Du hast deine Wohlfühlfitness schon erreicht.«

»Exakt! Ich fühle mich mit meiner Fitness wunderbar wohl. Wer weiß, ob ich mich mit einer anderen Fitness überhaupt so wohlfühlen könnte!« Ich habe ja diesen Gesichtsausdruck drauf, der auf tiefe Überzeugung schließen lässt. Den kombiniere ich mit der ganz großen Skepsis gegenüber allem, was als Alternative infrage kommt. Allerdings habe ich auch diese Frau – und die fällt ja auf keines dieser Gesichter jemals rein. »Ich bin sicher«, sagt sie, »du wirst dich noch viel wohler fühlen.«

»Wenn was?«, frage ich in heimlicher Panik.

»Wenn du mal ein bisschen an deiner Fitness gearbeitet hast.«

»Ah so? Und was schwebt dir da vor?«

»Ein Fahrrad.«

»Ich habe ein Fahrrad.«

»Mit zwei Platten, einer verrosteten Kette und keinem Licht.«

»Jetzt bist du aber wirklich ein bisschen kleinlich.«

»Kleinlich? Du kaufst dir einfach ein neues Fahrrad, sonst mach ich das.«

Bloß nicht! Ist Ihnen das schon aufgefallen? Wir Männer sollen immer mit den lächerlichsten Fahrrädern herumgurken, einen Helm auf dem Kopf, und aussehen wie Klein Doofi, während die Frauen auf schicken Hollandrädern daherschweben, offen das Haar, fröhlich der Blick ... Nun gut, das ist so ähnlich wie im Karneval, wenn sie die heißesten Outfits tragen, und wir sollen als Clown gehen. »Ich mach das schon selber«, erkläre ich also und sehe vor meinem geistigen Auge bereits einen absolut scharfen Flitzer, achtundzwanzig Gänge, italienisches Design, schreiend rot oder matt schwarz. Dazu einen Bikerdress in Neon, mit dem man aussieht wie ein

Superheld auf zwei Rädern. Den Helm aerodynamisch und stylisch wie aus Star Wars ...

Und dann kommt doch alles ganz anders.

So ein Fahrradladen ist ja heute nicht mehr ein leicht ranziger Schuppen mit schlechtem Licht und schlechter Musik aus dem Transistorradio, in dem irgendeine gescheiterte Existenz an alten Drahteseln herumschraubt, sondern das ist Hightech geworden, die reinsten Future Labs sind das heute. Vor allem zwischen den Beinen. Also im Gestänge. Da, wo früher nur eine armselige Stange war, auf der der Sattel saß, ist heute das Kraftwerk des neuzeitlichen Fahrrads untergebracht.

Sie ahnen es: Ich habe das Elektrobike entdeckt! Geniale Erfindung, das! Vor allem kommt so ein motorgestütztes Gefährt inzwischen, wenn man es darauf anlegt, so diskret rüber, dass es für den ungeübten Blick nicht viel anders aussieht als irgendein langweiliges Opa-Fahrrad. Bisschen plump, bisschen unförmig, aber sonst: äußerlich keine besonderen Merkmale. Ich habe mich sofort in diese Lösung all meiner Probleme verliebt. »Gekauft!«, sagte ich und schob mit dem Ding ab.

Was gibt es Befreienderes, als sich auf ein Fahrrad zu setzen, das sogleich losfährt und die Arbeit praktisch ganz allein macht. Mich hat das auf dem Nachhauseweg dermaßen inspiriert! Warum nicht auch Ruderboote, die selber rudern, Tennisschläger, die selber spielen, Skier, die von ganz alleine wedeln ... Schöne neue Welt! Das alles könnte ich in den nächsten Jahren erfinden und würde damit steinreich. Allein wie lässig das ist, nach etlichen Kilometern ganz ausgeruht und frisch neben den ganzen Opfern herzuradeln, die sich die Qual ohne elektrische Unterstützung angetan haben. Ein Fest für das Selbstbewusstsein! Mag ja sein, dass es nicht ganz so fit macht wie ein »echtes« Fahrrad. Aber, hey, immerhin gibt es nicht nur die objektive, sondern auch die gefühlte Fitness.

Klassentreffen

Als die Einladung zum Klassentreffen in München kam, war ich erst einmal völlig baff. Klassentreffen? Wer um alles in der Welt kann so was nach so langer Zeit überhaupt organisieren? Wer hat denn von all den Leuten die Adressen? Ich kann mich ja schon kaum noch an eine Handvoll Namen erinnern ...

Da ist natürlich mein alter Freund Jonny, mit dem ich Abitur gemacht und den ich nie aus den Augen verloren habe (schon deshalb nicht, weil er Augenarzt geworden ist). Und Jens, dessen Karriere als Anlagebetrüger man ja in ganz Europa mitverfolgen konnte. Dann Sabine, Peter. Petra. Sylvia. Und die Böttcher-Zwillinge. Aber dann ... Mehr wollten mir auf Anhieb nicht mehr einfallen. Vielleicht, wenn ich das Abschluss-Klassenfoto mal raussuchen würde? Aber dazu müsste man wissen, wo das abgeblieben ist. Unmöglich, alle noch zu kennen oder zu erkennen und von allen – oder doch zumindest von einer großen Zahl ehemaliger Mitschüler – zu wissen, wie man sie erreicht.

Bis mir dann das Licht aufging: Die haben eine ganze Reihe von Ehemaligen auf Facebook geortet. Und dann fragt man sich natürlich durch: Kennst du noch wen? Weißt du, wo Der-und-der hingezogen ist? Was Die-und-die jetzt macht? Und so kommt man dann im Laufe der Zeit doch zu einer stolzen Liste von Ex-Schülern, die im Jahre Schnee ihren Abschluss am XYZ-Gymnasium gemacht haben. Bis dann auch in meinem Briefkasten eine Einladung landet.

»Ihr habt was?« Beate ist mehr als erstaunt.

»Ein Klassentreffen. Warum nicht?«

»Leben da überhaupt noch genügend für ein Klassentreffen?«

»Also, hör mal!«

»Entschuldige, so hab ich es natürlich nicht gemeint. Aber mal im Ernst, was will man sich denn nach so vielen Jahren noch erzählen? Ihr könnt doch gar nichts mehr miteinander anfangen.«

Ob wir was miteinander anfangen können, das lässt sich natürlich schwer so allgemein beantworten. Aber was das andere betrifft: »Je mehr Jahre, umso mehr gibt es doch wohl zu erzählen, oder? Ich möchte jedenfalls gerne hinfahren.«

»Klar. Tu das.«

Und dann der Tag der Tage. Die Tür geht auf, und alles ist, als wäre es gestern gewesen. Bernie trägt Jeans und Turnschuhe und auf dem Kopf eine Strickmütze wie damals. Wenn einer sich zum Affen machen durfte, dann er. Petra, schön wie eh und je – und um sie herum all die Jungs, die mit den Blicken an ihren Brüsten kleben. Peter zum Beispiel, der seine blonde Haartolle lässig nach hinten wirft und ein paar Tanzschritte macht, um Petra zu beeindrucken, was sie mit einem breiten Lachen quittiert, bei dem man ihr perfektes, strahlend weißes Gebiss sieht. Kurt ist mit dem Motorrad gekommen und zeigt allen die Tattoos, die er auf den Arm hat machen lassen.

Herbert kommt auf mich zu. »Benni, bist du das? Hey, Leute, da ist Benni!«

»Wow, wie siehst du denn aus?« – »Was hast du mit deinen Haaren gemacht? Das ist ja echt abgefahren!« – »Hörst du uns, oder müssen wir lauter reden?« – »Guckt mal, der Benni!« – »Mann, ist der alt geworden.« – »Sicher, dass er noch lebt? Stups ihn mal an, vielleicht bewegt er sich ja!« – »Solange die dritten Zähne sitzen, lebt er noch, aber ich kann keine sehen.« – »Also, das war jetzt echt unfair, der arme Benni.« – »Ja, der arme Benni!« Und sie gucken mich alle an, als müssten sie überlegen, ob ich es noch bis zum nächsten Stuhl schaffe oder ob sie mir vorher den Gnadenschuss verpassen müssten. »Ich ...«, sage ich, und es schnürt mir die Kehle zu. »Also ich ...«

Aber dann kommt kein weiteres Wort mehr aus meinem Mund ... und ich schrecke schweißgebadet aus dem Bett hoch.

»Alles in Ordnung, Schatz?«, fragt mich meine Frau und zieht sich das Kissen über den Kopf. Meine Antwort scheint sie nicht sonderlich zu interessieren.

»Ja«, murmle ich. »Ja. Gott sei Dank, nur ein Traum.« Und gehe erst mal aufs Klo.

Am nächsten Morgen habe ich einen Entschluss gefasst. »Ich werde hinfahren«, kläre ich Beate am Frühstückstisch auf. »Und ich fände es schön, wenn du mich begleitest.«

Selten, dass Beate sich erst einmal hinsetzt. In dem Fall tut sie es. »Ich dich begleiten? Was soll *ich* denn da? Ich kann ja nicht mal über die guten alten Zeiten sprechen. Da gab's mich noch nicht, als ihr euer Abi gemacht habt.«

»Ja«, sage ich. »Warst du. Oder jedenfalls fast. Aber was soll's? Das sind nette Leute, auch ein paar sehr interessante dabei. Das wird dir bestimmt Spaß machen!«

Hat es dann aber doch nicht. Für Beate, das muss ich zugeben, war es ein Desaster. Es hat einfach nicht gepasst, auch für mich nicht. Denn wer will schon im Ernst neben lauter Gleichaltrigen stehen, wenn er erst einmal in ein gewisses Alter gekommen ist?

Da waren diejenigen, die man nicht mehr wiedererkannt hat, weil sie zwar keine Haare mehr, aber dafür jede Menge Brille oder enorme weiße Zähne hatten. Und da waren diejenigen, die man sofort wiedererkannt hat, weil sie noch genau dieselben Riesenidioten waren wie einst.

Interessant wäre gewesen, den Body-Mass-Index von einst und jetzt zu vergleichen. Er muss ein Vielfaches betragen. Auf achtunddreißig Absolventen meines Jahrgangs kommen, wenn ich nur die Erzählungen hochrechne, die ich mitbekommen habe, mindestens achtzig Ehen, eher mehr. Davon ein paar immer noch intakte – Gott sei Dank.

Könnten nicht auch ein paar Menschen mit Würde altern?

Könnte es nicht ein paar mehr geben, die einen aufregenden Lebensweg wählen und es zu etwas bringen? Und könnten nicht die wenigen, die es doch zu etwas gebracht haben (wir hatten wenigstens einen Oberarzt, einen Dax-Vorstand, mehrere Geschäftsführer und einen Polizeichef unter den Ehemaligen), spannend und sympathisch von ihren Erlebnissen erzählen, statt herumzuprahlen wie ein Haufen pubertierender Gockel?

»Wenigstens haben wir die nächsten paar Jahre gut was zu lästern«, stelle ich fest, als wir auf dem Nachhauseweg sind.

»Wieso?«, fragt Beate. »Ich fand's richtig nett.«

»Nett? Echt jetzt?«

»Klar. Hast du mal mit der Johanna gesprochen?«

»Nicht, dass ich wüsste. Wieso? Was hatte die denn zu erzählen?«

»Soooo eine nette Frau. Und die stand ja damals so auf dich.«

»Die Johanna? Auf mich?« Kann es sein, dass ich ihr all die Jahre schrecklich Unrecht getan habe, weil ich dachte, sie wäre das Mädchen mit dem schrecklichsten Geschmack?

»Oder Herbert Fink.«

»Der Herbert ist natürlich ein echter Spaßvogel«, stelle ich fest und muss lachen.

»Wieso? Ich finde es wunderbar, dass er sich so für Flüchtlingskinder einsetzt.«

»Für Flüchtlingskinder? Der Herbert? Wirklich?« War Beate auf dem gleichen Klassentreffen wie ich? Langsam wird mir das unheimlich.

»Jedenfalls hab ich sie zu uns eingeladen«, sagt Beate und schreibt flugs ein paar Nachrichten auf Whats-app.

»Wen eingeladen. Herbert und Johanna?«

»Klar. Und die anderen.« Sie blickt auf und lächelt mich an. »Aus deiner Klasse.«

»Du hast sie alle zu uns eingeladen? Das glaube ich nicht.«

Beate seufzt. »Ach, sei doch nicht immer so ein Miesepeter, Schatz. Die Leutchen sind alle ganz entzückend. Jeder auf seine Weise. Alles wirklich nette ältere Herrschaften.«

»Danke.«

Sie wuschelt mein Haar und versucht, ihrer Stimme etwas Aufmunterndes zu geben. »Du natürlich nicht, mein Schnippi. Aber gleichzeitig bist du doch der Interessanteste von all diesen Menschen. Die haben schon so viel erlebt, haben so viel zu erzählen, haben sich so gefreut, dass sie sich mal wiedergesehen haben – und dass sie *dich* mal wiedergesehen haben. Das solltest du nicht so gering schätzen. Wer weiß, wie lange noch fast alle bei einem solchen Treffen mitmachen können.«

Wow. Wenn das keine motivierenden Worte sind. Ich soll also einen Altersheim-Wanderzirkus bei mir beherbergen. »Haben wir überhaupt genügend Klos für die ganzen Blasenschwachen?«

»Aber Schatz. Es wird wunderbar! Glaub mir. Und dir wird es guttun. Du musst nur eines beachten.«

»Nämlich?«

»Betrachte diese Menschen mit Liebe und Respekt. Sie sind ein Teil deines Lebens. Wenn du sie magst, dann magst du auch einen Teil deines Lebens. Und das ist wertvoll für den ganzen Rest.«

Eine neue, schöne Erkenntnis. Was habe ich nur für eine schlaue Frau.

Siebte Sitzung, Freitag, der 23.

»Sie sehen aus, als hätten Sie sich genau überlegt, worüber Sie heute mit mir sprechen wollen, Herr Richter.«

Sie ist wirklich clever. »Das habe ich, Frau Doktor. Notgedrungen.«

»Notgedrungen? Ganz schlechtes Wort. Es degradiert Sie zum Opfer Ihres eigenen Daseins.«

»Egal. Ich wüsste nicht, wie ich es sonst ausdrücken soll.«

»Dann schießen Sie mal los.«

»Es geht um alte Bekannte.« Mein Gott, wo anfangen? »Ich war auf einem Klassentreffen und habe meine ehemaligen Mitschüler wiedergesehen.«

Sie nickt verständnisvoll. »Und was hat Sie dabei am meisten schockiert? Die Geister der Vergangenheit?«

»Eher die Geister der Gegenwart.« Ich seufze und blicke aus dem Fenster wie in eine lange zurückliegende Zeit, eine Zeit, als alles noch gut war. »Wissen Sie, dass mein Banknachbar Peter heute zwei künstliche Hüftgelenke hat? Seine Frau hat nur noch zehn Prozent Sehstärke. Dafür aber ungefähr zweihundert Prozent Körpervolumen. Und Hannes, den alle den scharfen Hannes genannt haben, der trägt

Vollglatze und die falschesten Zähne, die ich je gesehen habe.«

»Das müsste Ihnen doch eigentlich Auftrieb geben, oder nicht?«

»Wie könnte es?«

»Ihr Haar ist voll, Ihr Gebiss tadellos. Sie sind nicht besonders dick ...«

»Danke.«

Sie zuckt mit den Schultern und wirft ihr Haar zurück. »Ist es nicht so, dass Sie Ihr eigenes Auto mickriger finden, wenn Ihr Nachbar ein teureres fährt?«

»Hm. Vielleicht, ja. Aber was hat das ...«

»Warum blicken Sie zu einem technischen Spielzeug auf und machen sich grundlos klein, und Ihre Mitmenschen gucken Sie an, als würden Sie in einen Abgrund blicken?«

»Verstehe ich nicht ...«

»Wenn Sie den Wagen Ihres Nachbarn sehen, dann wollen Sie auch so einen haben. Wenn Sie die Glatze Ihres ehemaligen Mitschülers sehen, hätten Sie dann auch gerne eine?«

»Auf keinen Fall!«

»Sehen Sie? Das ist der Punkt. Sie sind nicht konsequent.«

Ich muss lachen, wenn auch etwas freudlos. »Und Sie sind komisch. Das kann man doch nicht vergleichen.«

»Und doch tun Sie es. Sie vergleichen es nur nicht auf dieselbe Art und Weise. Sie vergleichen die Autos und möchten so sein wie Ihr Nachbar. Sie vergleichen die Haare und möchten auf keinen Fall so sein wie Ihr alter Schulfreund.«

»Ist das nicht normal?«

»Mag sein, dass es normal ist. Aber es ist dumm.« Sie lehnt sich zurück und betrachtet mich aus etwas müden Augen, dabei ohne sichtbare Gemütsregung. »Machen Sie es doch mal andersherum.«

»Andersherum?«

»Ja. Vergleichen Sie sich negativ. Fragen Sie sich, warum Sie viel besser dastehen als Ihre Mitmenschen. Ihre *gleichaltrigen* Mitmenschen.«

»Sie meinen, weil ich keine Glatze habe?«

»Zum Beispiel.«

»Davon wird mein Auto nicht größer.«

»Muss es auch nicht. Ihres ist weniger umweltfeindlich. Ihres ist *ihr* Auto und damit genießt es einen Sympathiebonus. Ihr Auto hat Sie schon nach Spanien gebracht und an die Nordsee. Wohin es Sie schon überall begleitet hat, denken Sie nur! In Ihrem Auto ist vielleicht Ihr Jüngster auf der Rückbank gesessen, der Beifahrersitz duftet nach dem Parfüm Ihrer Frau ... Ach, denken Sie einfach selbst nach, was Ihr Auto zu einem ganz besonderen macht. Dagegen kann so ein neues, geschlecktes Auto aus der Fabrik, das nur nach Weichmacher und Lederbeize riecht, doch gar nicht anstinken.«

So habe ich es noch nie betrachtet. Und mit dem Anstinken, da sagt sie auch was Interessantes. An das Parfüm meiner Frau hätte ich jetzt nicht unbedingt gedacht. Aber rein geruchstechnisch ist mein Wagen sicher einzigartig. Wenn man bedenkt, wie oft meine Kinder auf den Rücksitz gereihert haben ... Und mit Spanien hat sie auch recht. Die spanischen Werkstätten werde ich in meinem Leben nicht vergessen. »Verstehe«, sage ich leise. »Sie meinen, ich soll auf das Gute schauen und nicht dauernd nur das Schlimmste erwarten.«

»So ungefähr.«

»Okay. Und meine Übung für diesmal?«

»Ich denke, die kennen Sie.«
Klar kenne ich die.

Übung 7: Die Dinge mal ganz anders betrachten.

Charakterfach

Als Schauspieler hat man es nicht unbedingt ganz leicht. Ganz am Anfang ersehnt man sich natürlich Rollen, die zulassen, dass man all seine Fähigkeiten zeigt, dass man die Tiefen des eigenen Empfindens ausspielt und alles Raffinement, zu dem man fähig ist. Doch stattdessen werden junge Schauspielerinnen und Schauspieler meist als Projektionsflächen für Jugendwahn und makellose Schönheit vergeudet. Natürlich, auch eine Liebhaberrolle macht Spaß, manchmal sogar großen. Und es ist immer schön, in der Blüte seiner Jahre auch noch eine schöne Frau in den Armen zu halten oder eine atemlose Actionszene zu drehen.

Wobei die Wirklichkeit ganz anders aussah. Der exotische Dreh fand in einer ausrangierten Fabrikhalle in Bochum statt. Die Temperatur betrug ganze zwei Grad, und die heiße Liebesszene bestand darin, dass ich hypnotisch nur das lange schwarze Nasenhaar meiner Partnerin vor Augen hatte.

Immer möchte man zeigen, was man kann – und darf doch nicht. Schwacher Trost: Man muss nicht lange damit hadern. Denn oft genug folgen auf die jugendlichen Heißspornrollen gar keine Engagements mehr. Männer um die sechzig sind nur noch schwer verkäuflich.

Frauen erleben das Phänomen oft bereits früher. Sie müssen schon mit besonderen Jugendgenen gesegnet sein, um dann noch viele aufregende Angebote zu bekommen. Es ist ein Fehler unserer medialen Kultur, dass wir ausblenden, wie Menschen sich verändern, vor allem aber, dass wir dabei vollkommen dem Jugendwahn verfallen. Großartige Nachrichtensprecherinnen: weg vom Bildschirm. Ausgezeichnete Schauspieler: out, wenn sie nicht Nazis oder Komödianten spielen wollen. Lächerlich machen darf man sich im Zweifel noch. Aber eine ernsthafte Rolle spielen? Schwierig. Das dauert lange und endet manchmal erst mit dem Karriereende. Manche haben natürlich das Glück, ab einem gewissen Alter dann endlich »reife« Rollen spielen zu dürfen. Man ist entweder Hamlet oder der alte König Lear. Aber bitte nichts, was dem Leben nahekäme.

Ich musste auch mit ansehen, wie viele liebe Freunde und Kollegen plötzlich weg waren. Wie die Angebote ausblieben und sie einfach nicht mehr von ihrer Arbeit leben konnten. Wie man sie zu vergessen begann. Wer erst mal draußen ist, kommt ganz schwer wieder zurück, egal, wie wunderbar er ist, was er in der Vergangenheit geleistet hat oder wie nötig es wäre. Im Gegenteil: Wer dringend einen Job braucht, bei dem ist alles aus. Das ist wie in jedem anderen Business auch – wer es am wenigsten braucht, bekommt es am leichtesten, wer es am dringendsten benötigt, für den bleiben häufig die Türen zu.

Natürlich würde man sich wünschen, dass auch mal Angebote kämen, in denen es nicht nur um den pensionierten Richter mit Faible fürs Schlösserrenovieren geht oder um den Top-Geschäftsmann, der seine Nachfolge regeln möchte. Es wäre schön, wenn es mal nicht um Herzschmerz und fiese Banker ginge am Sonntagabend oder um bemützte Vollpfosten-Opis. Wo bleibt denn das Drehbuch für die neue »Reifeprüfung«, für das neue »Harold and Maude«, für »Opa allein zu Haus«? Filme, in denen Alte Alte spielen dürfen. Wenn heute mal ein ernst gemeinter Film mit alt besetzten Rollen bei uns gedreht wird, dann joggt da meist nur ein geistig angezählter Greis durch die Landschaft und träumt – vielleicht von früher, vielleicht auch nur von Marmeladenbrot. Dabei könnte man selbst solche Stoffe mit Witz und Würde drehen.

Fehlt nur noch »Das Dschungelcamp für Senioren«. Nur die Aufgabenstellung müsste man freilich ein wenig verändern. Statt der sportlichen Prüfungen zum Beispiel folgende Herausforderungen:

Kokosnuss-Beißen: Wessen dritte Zähne halten am längsten?

Blasen-Kracher: Wer schafft es, nachts weniger als dreimal und vor allem rechtzeitig die Toilette aufzusuchen?

Sepp oder Depp: Welcher Teilnehmer kann sich die Namen von mindestens zwei Mitkonkurrenten merken? Und das nach zwei Tagen …

Mr. Ufo: Das lustige Toupet-Weitwerfen

Ich bin eine Omi, holt mich hier raus: Striptease für sehr weit Fortgeschrittene

Die Dschungelfäller: Wer schnarcht am lautesten?

Hütchenspiel: Wo ist mein Hörgerät?

Promi-Jagd: Wer schafft es am weitesten ohne Gehhilfe?

Wieder Kind werden

Es gibt da ja diese Geschichte aus der Bibel von wegen: »Wenn ihr nicht werdet wie die Kinder, dann werdet ihr nicht ins

Himmelreich kommen«. Hat Jesus gesagt – und der Mann wusste bekanntlich, wovon er sprach. Später ist daraus oft so etwas wie »Im Alter werden die Menschen wieder wie Kinder« geworden. Blöder Spruch natürlich. Wenn man mal davon absieht, dass es einige ältere Semester gibt, die wieder eine Windel brauchen (und das sage ich ganz ohne Häme, denn, wer weiß ...), dann scheint mir nicht sehr viel dran zu sein an diesem Spruch. Kinder sind laut und schnell und unbedacht. Alte sind leise, langsam und oft grüblerisch. Kinder sind fröhlich, albern, sprunghaft. Alte sind ... Moment! In diesen Punkten sind die Unterschiede gar nicht so groß. Fröhlich bin ich selber gerne. Und häufig. Albern? Fragen Sie mal meine Frau! Sprunghaft? Fragen Sie sie bloß nicht!

Vielleicht ist es so, dass Menschen nun einmal menschlich sind, egal, wie alt oder jung sie sind. Vielleicht sind auch manche dieser Eigenheiten in gewissen Lebensphasen ausgeprägter. Aber sicher ist, dass jeder von uns jederzeit für sich in Anspruch nehmen darf, Launen zu haben, lustig zu sein und die Welt mit Staunen zu betrachten.

Denn das ist es, was mir bei Kindern am meisten auffällt: Sie betrachten die Welt mit Staunen. Mein Sohn zum Beispiel kann über so vieles staunen, dass ich manchmal mitstaunen muss. Er sieht einen Schwarm Fische im Teich und bleibt mit offenem Mund auf der Brücke stehen. Er hört eine Orgel in der Kirche und lauscht gebannt, bis sich der Organist auch den letzten Finger gebrochen hat. Er isst Erdnussbutterbrot mit Kirschmarmelade und Senf – und mag keine Schokolade. Kinder haben wirklich ein Talent, alles völlig unvoreingenommen zu betrachten. Davon sollten wir Älteren uns eine dicke Scheibe abschneiden.

Und das können wir auch. Denn wenn es jemanden gibt, dem es erlaubt ist, auf Konventionen zu pfeifen, dann sind wir das. Wir müssen nicht mehr jeder Mode hinterherrennen, müssen nicht jeder Benimmregel sklavisch folgen und brauchen niemanden, der uns sagt, wie man etwas tut oder zu verstehen hat. Das Alter ist Souveränität pur – auch in der Freiheit, sich eine eigene Meinung zu bilden oder Prioritäten zu setzen. Dabei hilft es sehr, die Dinge anders zu betrachten, zum Beispiel wie mein Sohn:

Essen: Immer her mit dem Eis. Das Leben ist zu kurz für Verzicht.

Freizeit: Die nehme ich mir einfach. Gearbeitet habe ich lange genug.

Mitmenschen: Lasst mich bloß mit Leuten in Frieden, die ich nicht ausstehen kann. Ich umgebe mich nur noch mit denen, die ich mag. Und mit meinem Anwalt.

Fernsehen: Die Fernbedienung gehört mir (nur meine Frau weiß das noch nicht). Und die Chips auch.

Ordnung: Ist das halbe Leben. Ich befinde mich aber schon in der anderen Hälfte.

Das Leben nehmen lernen heißt von Kindern lernen. Denn die machen das ständig. Ständig lauern neue Erfahrungen auf sie – genau wie auf uns Ältere. Und die Kinder gehen damit ganz selbstverständlich um. Mit – doch, das muss man ehrlich zugeben – ziemlich viel gesundem Menschenverstand und ziemlich wenig Skrupeln. So will ich es auch halten. Ab jetzt konsultiere ich nicht mehr bei jedem Kleinkram meinen alten Freund Didi oder Frau Doktor Faust, sondern meinen Sohnemann und frage ihn, wie er das machen würde.

Schlaf

Schlaf ist ein wichtiges Thema bei uns. Das fällt mir besonders jetzt auf, wo ich alles aufschreibe. Mal sehen, ob ich darüber auch so nachdenken kann, wie Frau Dr. Faust es von mir erwarten würde. Also: Schlaf. Meine Frau braucht ziemlich viel davon. Vor allem zu den Zeiten, zu denen ich gerne wach wäre. Unsere biologischen Uhren laufen da nicht ganz synchron. Aber so eine Uhr verändert sich ja auch im Laufe eines Lebens. Als ich noch ganz jung war, fing ich im Grunde erst gegen elf Uhr an, so richtig wach zu werden. Abends. Und dann konnte es schon mal neun werden, bis ich endlich in die Falle kam. Morgens. Das hat sich ziemlich verschoben. Jetzt bin ich oft schon um zwölf Uhr hundemüde. Mittags. Aber dafür bin ich um vier Uhr topfit – in der Nacht.

Es hat seine schönen Seiten, das muss ich zugeben. Seit ich nachts zweimal rausmuss, um die Toiletten zu inspizieren, höre ich die Vöglein zwitschern und kann den Zeitungsboten kontrollieren. Eine Bäckerlehre sollte man eigentlich vor dem fünfzigsten Geburtstag gar nicht beginnen, das ist nichts für die jungen Semester. Die alten freilich könnten auf diese Weise ihren natürlichen Schlaf-Wach-Rhythmus mit einem sehr vernünftigen Arbeitstag in Einklang bringen.

Meine Frau kann ich in den Wahnsinn treiben, wenn ich nach dem Mittagessen mal eben einnicke (wobei sie erst richtig ungemütlich wird, wenn es *beim* Essen passiert). Allerdings gibt es auch eine gute Erklärung für diese plötzlichen Schlafattacken.

»Ich bin einfach überarbeitet, Liebling.«

»Dann nimm dir mal ein paar Tage frei, Schatz. Gönn dir eine Pause. Ja, lass uns nach Sylt fahren. Da kannst du dich erholen und dein Schlafdefizit abbauen.«

Klingt wie eine gute Idee, denke ich mir und kümmere mich darum. Als wir dann an einem sonnigen Freitag alle im Auto sitzen, wundere ich mich aber doch ein wenig: »Du willst fahren?«

»Klar«, sagt Beate. »Warum nicht? Traust du mir die Strecke als Frau nicht zu?«

Ups. »Wie käme ich dazu! Frauen können alles, was Männer auch können.«

»Stimmt«, nickt sie. »Nur besser.«

»Aber sonst fahre doch immer ich diese Strecke.«

»Ich will nicht riskieren, dass du dein erstes Urlaubsnickerchen schon am Steuer machst.«

»Also wirklich, das finde ich jetzt ein bisschen gemein von

dir«, protestiere ich, bestehe aber nicht darauf zu fahren, weil es mir im Grunde so am liebsten ist. Kann man sich ein wenig die Landschaft ansehen, mit den Kindern plaudern, Musik auswählen ...

Als ich wieder aufwache, sind wir schon da. »Das ging schnell«, ächze ich und versuche, meine Wirbel zu zählen. Es sind noch alle da, ich kann jeden einzeln identifizieren.

»Hm«, erwidert Beate. »Wenn man die vier Stunden Stau bis Niebüll abzieht, hast du vermutlich recht.«

Nun gut, sie hat es selbst gesagt: Es gibt ein Schlafdefizit aufzufüllen. Wobei ich gelesen habe, dass sich Schlaf nicht nachholen und auch nicht »auf Vorrat« nehmen lässt. Das verstehe ich nicht. Wie kommt es dann, dass mein Körper immer dann schlafen will, wenn ich eigentlich etwas anderes vorhabe – und immer dann hellwach ist, wenn Schlafenszeit wäre?

Im Urlaub spielt das natürlich eine untergeordnete Rolle. Da kann ich schlafen, wenn wir am Strand sind (und mein Sohn nicht gerade eine Sandburg bauen möchte) und wenn der Fernseher läuft (sofern nicht gerade übers Programm gestritten wird). Auf dem Sofa (falls es mal frei ist) oder im Bett (wenn meine Frau nicht gerade ihre perfekte Schlafposition zu finden versucht und sich von einer Seite auf die andere wirft). Urlaub, das ist so was von entspannend! Man lässt es gemütlich angehen (und schlägt sich nur bisweilen mit der Reservierung für einen Tisch in der Sansibar, mit Beates Einschlafproblemen wegen des brummenden Kühlschranks oder Claras Liebeskummer herum). Man lässt die Seele baumeln (auch bei Orkan und Dauerregen). Man entspannt total (»Paps, kannst du mich mal schnell nach Kampen rüberfahren?«) beziehungsweise trainiert seine Nerven (»Wir hoffen, es stört Sie nicht, dass wir gerade ein wenig Lärm machen wegen unseres Anbaus im rückwärtigen Teil.« – »Überhaupt nicht, so höre ich wenigstens unsere Nachbarn nicht ständig bei der rhythmischen Sportgymnastik.«).

Was bin ich froh, als dieser kurze Urlaub wieder vorbei ist. Endlich ausschlafen! Unser Sofa zu Hause hat eine eingebaute Wohlfühlfunktion, man müsste das patentieren lassen. Außerdem glaube ich, dass es von einem Magnetfeld umgeben wird, auf das mein Körper reagiert. Zumindest müsste man das mal wissenschaftlich erforschen. Unsere Matratze im Schlafzimmer scheint dagegen eher Marke Harndrang zu sein.

Familienleben als solches steht dem gesunden Schlaf sowieso in einer Art natürlicher Feindschaft entgegen. Ich habe deshalb eine Theorie entwickelt, von der die moderne Schlafforschung stark profitieren wird: Ab dem einundfünfzigsten Lebensjahr (bei manchen früher, bei anderen später) wird der normale tägliche Schlaf, der von mir so genannte Allerweltsschlaf, zu etwas anderem: zum von mir so genannten Fluchtschlaf. Der reife Mensch sucht den Schlaf, wo er ihn findet. Er tut das aus reinem Selbstschutz und weil er wirklich clever ist. Mögen die Jungen doch ruhig Raubbau an ihren Körpern betreiben, die Alten sind einfach schlauer. Es ist längst erwiesen, dass ausreichend Schlaf gesundheitsförderlich ist und sich positiv auf die körperliche und geistige Leistungsfähigkeit auswirkt. Wir Alten wissen das längst und wussten das intuitiv schon immer! Wer länger schläft, ist später tot. Und wissen Sie, von wem ich das alles gelernt habe? Von meinem Schwiegervater. Und der ist jünger als ich.

Ein kluger Mann.

Achte Sitzung, Freitag, der 30.

»Unsere letzte Sitzung, Herr Richter«, sagt die Frau, die mich in den letzten Wochen manches Mal in tiefe Verwirrung gestürzt, mir aber auch sehr wichtige Erkenntnisse vermittelt hat.

»Ja«, erwidere ich. »Die letzte.«

»Es scheint Sie nicht zu freuen?« Sie lächelt ohne diese hintersinnige Miene, die sie manchmal hatte.

»Na ja. Eigentlich fand ich's ganz gut.«

»Dann haben Sie also das Gefühl, dass es etwas gebracht hat?«

»Sie etwa nicht?« Schon mache ich mir wieder Sorgen. Vielleicht habe ich mir nur eingebildet, dass ich über meine Depression hinwegkomme. Vielleicht …

»Nein«, sagte sie tatsächlich, und der Boden will sich unter mir auftun. »Ich habe nicht das Gefühl. Ich bin sicher.« Puh! »Es hat etwas gebracht, lieber Herr Richter.«

»Ja«, lache ich befreit. »Ich bin ein ganz anderer Mensch!«

»Sind Sie nicht«, erwidert sie irritierender Weise. Und auf meine verwirrte Miene: »Sie waren ein anderer Mensch, als Sie zu mir gekommen sind. Jetzt sind Sie wieder Sie selbst.

Denn das war es, worum es von Anfang an ging: Ihnen Ihren Glauben an sich selbst wieder zu geben, Sie wieder selbstbewusst zu machen, Ihnen zu zeigen, wo Sie stehen im Leben. Und dass es ein guter Platz ist.«

»Hm. Das haben Sie ziemlich schlau gemacht.«

»Danke. Hat Sie ja auch eine Stange Geld gekostet.«

»War es wert. Im Ernst: Ich bin Ihnen sehr dankbar, Frau Doktor.«

Sie nickt. »Das kenne ich, schmeichelt mir auch, ist aber falsch. Sie sollten sich selbst dankbar sein. Schließlich sind Sie es, der es geschafft hat, die düsteren Gedanken zu überwinden, die Schönheit der Gegenwart zu erkennen und wieder Mut zu fassen.«

»Na ja. Irgendwie natürlich schon.«

»Selbstverständlich werden Sie weiter an sich arbeiten müssen.«

»Sie meinen, ich brauche noch mehr Sitzungen?«

»Nein.« Nun blickt sie fast ein bisschen ernst. Sie beugt sich vor und sieht mir in die Augen. »Das Leben ist ein Mannschaftssport, Herr Richter. Es ist wie ein Fußballspiel. Und Sie sind einer der Spieler. Sie hatten sich selbst auf die Bank gesetzt und zugeschaut. Wir haben Sie wieder eingewechselt. Jetzt sind Sie wieder im Spiel. Wenn Sie weiter einen Stammplatz in der Mannschaft haben wollen, dann müssen Sie spielen. Und trainieren. Sie müssen aktiv mitmachen. Dann bleibt die Bank die Bank, und Sie bleiben im Spiel. Denn das ist es: Das Leben ist kein Spiel, aber es ist *wie* ein Spiel. Wenn Sie die Regeln beherrschen und wenn Sie aktiv dabei sind, dann macht es Spaß. Bis zur letzten Minute.«

»So habe ich noch nie darüber nachgedacht«, sage ich und

bewundere die Psychotante ehrlich ein bisschen. Sie hätte auch Fußballtrainerin werden können. »Vielleicht gibt's sogar eine Verlängerung!«

Ein lautes, glockenhelles Lachen, zum ersten Mal. »So gefallen Sie mir, Herr Richter! Ja, vielleicht gibt es sogar eine Verlängerung.«

»Spaß bis zum Schlusspfiff.«

Sie nickt. »Wann immer er kommt. Und Sie können sich die Position auf dem Spielfeld sogar aussuchen. Haben Sie eine?«

»Nicht wirklich. Sollte ich eher defensiv oder offensiv spielen?«

»Auf jeden Fall offensiv«, sagt sie und lacht noch einmal. »Und auf jeden Fall full power!«

Schluss

Das Alter. Wenn es kommt, macht es uns Angst. Wenn es da ist, macht es uns Ärger. Dass es vorbeigeht, wünschen wir uns auch nicht. Älterwerden ist ein seltsames Phänomen. Lange empfand ich es vor allem als belastend. Aber dann, nachdem ich mir bewusst gemacht hatte, wie viel Schönes man erleben darf, wenn man nicht jung gestorben ist, wie viel erfahrener und klüger man ist als früher, wie viel Lebenskraft verblüffender Weise immer noch übrig ist – und vor allem: wie man sie wieder entfaltet, begann ich, das Älterwerden mit anderen Augen zu sehen.

Die Zipperlein kann man nicht wegreden, die kleineren und größeren Schwächen nicht leugnen. Man kann nicht darüber hinwegsehen, dass man schon mal attraktiver war, schneller und leistungsfähiger. Aber wer dauernd nur den Abgesang auf das eigene Leben anstimmt, der darf sich nicht wundern, wenn es keinen Spaß mehr macht.

Meine Mutter macht es richtig: Die denkt gar nicht übers Alter nach und benimmt sich, als wäre sie gerade dem Teenagertum entwachsen. Das werde ich so vermutlich nicht hinbekommen. Aber ich kann es schaffen, das Schöne und Gute zu sehen, meine Zeit zu nutzen, alles, was sich an Chancen und Freuden bietet, zu genießen und mich nicht mehr darum zu kümmern, was danach kommt. Denn es kommt immer etwas danach.

Irgendwann wird das dann ohne mich stattfinden, klar. Aber bis dahin werde ich aktiv sein und mein Leben gestalten. Ich will mich daran freuen und sowohl für andere da sein als auch für mich selbst. Und ich werde darauf achten, welche Songzeilen ich höre und welche nicht. Denn Cat Stevens singt ja nicht nur »You will still be here tomorrow but your dreams may not«. Viel wichtiger, er singt auch: »I am old, but I'm happy«!

Man kann mir sicher vieles vorwerfen. Aber ich will mir nicht vorwerfen lassen, ich sei die Spaßbremse meines eigenen Lebens gewesen.

Dank

Mein Dank gilt meiner Mutter fürs Zuschauenlassen beim Altwerden. Meinem Freund Didi für seinen Tipp mit der Psychotante. Frau Doktor Faust für mannigfache Inspirationen. Den Medien für ihr überholtes Bild von den Senioren, das hat mir sehr geholfen. Den Anbietern von Butterfahrten, Seniorenpartys, Ü60-FKK-Reisen und allen anderen gruseligen Veranstaltungen, die einen beim Gedanken an die andere Seite der Lebensmitte erschaudern lassen.

Vor allem danke ich natürlich meiner wundervollen Frau, die mich stets und ständig an alle meine Macken erinnert und den Finger auf jede Wunde gelegt hat – auch in all jene, von denen ich nicht mal wusste, dass sie existieren. Sie hat mich in ein anderes, besseres Leben geführt. Mit Geduld, Liebe und Geschick, wie es nur Frauen beherrschen. Und sie hat mir die Angst vor der Einsamkeit im Alter genommen. Allein schon durch die Tatsache, dass sie noch immer an meiner Seite ist.

Auf geht's – die hundert sind noch drin!

»Kein Mensch, der ein Hirn hat, sollte eine Familie gründen. Doch kein Mensch, der ein Herz hat, sollte darauf verzichten.«

Sky du Mont
FULL HOUSE
Liebeserklärung an
die Chaosfamilie
224 Seiten
mit zahlreichen
Abbildungen
ISBN 978-3-7857-2448-4

Sky du Mont, selbst Vater von drei Kindern, kennt sich aus in Sachen Familie. Zu zweit war alles ganz einfach. Doch kaum kündigt sich Nachwuchs an, beginnt der Irrsinn des Familienlebens. Ob Schwangerschaftschaos oder Wickelwahnsinn – wer sich einmal dafür entschieden hat, muss da durch. So süß die lieben Kleinen auch sind, ohne Tricks geht nichts. Survival-Training für Eltern ist gefragt, ganz gleich ob bei der nächtlichen Autobahnfahrt, um das Baby zu beruhigen, oder beim Elternabend im Kindergarten, wo die unbeliebten Ehrenämter lauern. Sky du Mont ist ein wunderbarer Chronist des Familienlebens und berichtet mit viel Humor vom Trubel mit den Liebsten.

Bastei Lübbe

Ein Geburtstag ist noch lange kein Grund, älter zu werden

Bill Mockridge
IN ALTER FRISCHE
Ein grauer Star
packt's an
320 Seiten
mit zahlreichen
Abbildungen
ISBN 978-3-404-60852-2

Was ist das eigentlich das Alter? Und vor allem: Wie bleibe ich jung, obwohl ich jedes Jahr Geburtstag habe. Comedy-Star Bill Mockridge macht sich auf die Suche nach dem ultimativen Jungbrunnen. Anhand skurriler Fakten, witziger Anekdoten und persönlicher Geschichten zeigt er, wie Sie die alte Frische Ihrer Jugend wiedergewinnen. Dabei erfahren Sie, warum manche Hormone ihren Job nicht mehr machen, ob Baden in Rotwein das Leben verlängert und wie viele Abenteuer jenseits des Rentenbescheids noch auf Sie warten.

Bastei Lübbe

Die Community für alle, die Bücher lieben

Das Gefühl, wenn man ein Buch in einer einzigen Nacht verschlingt – teile es mit der Community

In der Lesejury kannst du
- ★ Bücher lesen und rezensieren, die noch nicht erschienen sind
- ★ Gemeinsam mit anderen buchbegeisterten Menschen in Leserunden diskutieren
- ★ Autoren persönlich kennenlernen
- ★ An exklusiven Gewinnspielen und Aktionen teilnehmen
- ★ Bonuspunkte sammeln und diese gegen tolle Prämien eintauschen

Jetzt kostenlos registrieren: www.lesejury.de
Folge uns auf Facebook:
www.facebook.com/lesejury